W0038769

Bernd Siggelkow
Seid barmherzig,
wie auch euer Vater barmherzig ist

Das Buch zur Jahreslosung 2021

Bernd Siggelkow

Seid barmherzig,
wie auch euer Vater barmherzig ist

Das Buch zur Jahreslosung 2021

SCM

Stiftung Christliche Medien

SCM R.Brockhaus ist ein Imprint der SCM Verlagsgruppe,
die zur Stiftung Christliche Medien gehört, einer gemeinnützigen
Stiftung, die sich für die Förderung und Verbreitung
christlicher Bücher, Zeitschriften, Filme und Musik einsetzt.

© 2020 SCM R.Brockhaus in der SCM Verlagsgruppe GmbH
Max-Eyth-Str. 41 · 71088 Holzgerlingen
Internet: www.scm-brockhaus.de
E-Mail: info@scm-brockhaus.de

Soweit nicht anders angegeben,
sind die Bibelverse folgender Ausgabe entnommen:
Lutherbibel, revidiert 2017,
© 2016 Deutsche Bibelgesellschaft, Stuttgart.
Weiter wurde verwendet:
Hoffnung für alle, ° Copyright © 1983, 1996, 2002,
2015 by Biblica, Inc.°. Verwendet mit freundlicher Genehmigung
des Herausgebers Fontis - Brunnen Basel (Hfa).

Umschlaggestaltung: Miriam Gamper-Brühl,
Agentur 3Kreativ, Essen
Titelbild: Shutterstock/Magnia
Autorenfoto: © unbekannt
Satz: typoscript GmbH, Walddorfhäslach
Druck und Bindung: GGP Media GmbH, Pößneck
Gedruckt in Deutschland
ISBN 978-3-417-26954-3
Bestell-Nr. 226.954

Inhalt

Zum Beginn –
Ganz persönlich

Als meine Sekretärin die Post ins Büro brachte, war ich nicht wirklich überrascht, dass es sich nur um zwei Briefe handelte. Schließlich wird immer alles bereits vorsortiert und gleich an die entsprechenden Mitarbeiter weitergeleitet. Das hat natürlich viele Vorteile, besonders für mich, denn dadurch kann ich mich auf das Wesentliche konzentrieren und meine Zeit effektiv einteilen.

Doch auf diesen beiden Briefen stand »persönlich« und somit war klar, dass nur ich die Kuverts öffnen durfte.

In einem Umschlag fand ich den handgeschriebenen Brief einer Spenderin. Sie drückte ihren Dank unseren Mitarbeitern gegenüber aus, die sich jeden Tag um Hunderte Kinder kümmern, die nicht auf der Sonnenseite der Welt geboren worden waren. Sie schrieb ein wenig aus ihrem bewegten Leben, wie sie nach dem 2. Weltkrieg miterlebte, wie Deutschland wieder aufgebaut wurde und viele Kinder Kartoffeln direkt vom Acker sammelten, um satt zu werden. Sie beschrieb eine Form der Armut, die vielen von uns fremd ist. Wir haben entweder diese Zeit niemals kennengelernt oder wurden in eine bessere Lebenssituation hineingeboren.

Die ältere Dame berichtete, wie ihre Mutter versuchte, die Familie in diesen harten Zeiten durchzubringen, und blickte trotz allem voller Dankbarkeit auf ihre eigene Kindheit zurück. Trotz oder vielleicht gerade wegen ihrer eigenen leidvollen Erfahrungen hatte sie viel Verständnis für die vielen alleinerziehenden Mütter, die heute häufig die Hilfe unserer Arche suchen, damit ihre Kinder eine bessere Zukunft haben können. Diese Tatsache erfreute die Dame so sehr, dass sie dies neben ihrer monatlichen Spende auch einmal zu Papier bringen wollte, um meine Mitarbeiter und mich zu ermutigen.

Der zweite Brief war viel förmlicher. Der Absender war ein Notar aus Norddeutschland, den ich nicht zuordnen konnte. Ein Testament? Für die Arche?

Nein, es handelte sich um eine private Übermittlung. Bereits einige Tage zuvor hatte mich eine mir unbekannte Frau angerufen und mir mitgeteilt, dass mein Vater gestorben sei. Er lebte mit seiner dritten Frau in Schleswig Holstein und ich hatte ihn seit über 30 Jahren nicht mehr gesehen. Ich kannte weder seine jetzige Frau noch ihre Kinder, die sie wohl mit in die Ehe gebracht hatte. Es war tatsächlich die Tochter dieser dritten Ehefrau, die mich über das Ableben meines leiblichen Vaters informierte. Alles war so fremd, so hart und so endgültig und schon nach diesem Anruf beschäftigten mich meine Kindheit, meine Eltern und die damit verbundenen Herausforderungen erneut.

Ich war etwa sechs Jahre alt, als meine Mutter die Familie verließ und meinen Bruder und mich bei meinem Vater und meiner Großmutter zurückließ. Meine Eltern verstanden sich nicht und ihre Ehe war schon von vornherein zum Scheitern verurteilt, doch so etwas weiß man als Kind nicht. Mich traf der Weggang meiner Mutter wie ein Messerstich ins Herz. Von dieser Stunde an erlebte ich nur noch Existenzkampf und Kälte. Meine Oma wurde krank. Trotz der Prognosen der Ärzte lebte sie viel länger als erwartet, aber sie wurde sichtbar vom Krebs zerfressen und mein Bruder und ich sahen, wie sie von Monat zu Monat schwächer wurde.

Mein Vater hingegen rannte von einer Schuldenfalle in die nächste. So gut es ging, versuchte er zu arbeiten, um wenigstens einen Teil der Schulden abzahlen zu können. Der Gerichtsvollzieher gehörte beinahe zur Familie. Sein Kommen war jedes Mal wie der Besuch eines Verwandten. Meine Großmutter unterstützte ihren Sohn so gut wie möglich mit ihrer winzigen Witwenrente. Wir bekamen unseren Vater nur sehr selten zu Gesicht, da er häufig erst von der Arbeit kam, wenn wir schon im Bett waren. Er rauchte viel und lehnte auch Alkohol nicht ab, denn seine Sorgen waren sicher nicht die kleinsten.

Am Wochenende machte er in der Regel sein eigenes Ding. Wir waren meist nicht Teil davon. Er war kein Beziehungsmensch, zumindest nicht in unserer Familie. Er war streng, Lob kannte er nicht und vor allem hatte man in seiner Anwesenheit immer das Gefühl, etwas falsch gemacht zu haben. Ich kann mich nicht an warmherzige Worte erinnern, geschweige denn daran, jemals auf dem Schoß meines Vaters oder meiner Mutter gesessen zu haben. Schlechte Noten mit nach Hause zu bringen war eine Zumutung, dies duldete er überhaupt nicht. Zeit, um mit uns Hausaufgaben zu machen, sie zu kontrollieren oder gar mit uns zu lernen, nahm er sich aber nicht. Glücklicherweise musste ich fast nie für etwas üben, alles fiel mir irgendwie zu und somit war ich ein recht guter Schüler. Klar, ich war faul, schließlich fehlte mir jegliche Motivation, aber auf meine schulischen Leistungen wirkte sich das nicht aus.

Wäre mir nicht vor vielen Jahren dieser barmherzige Gott mit seiner Liebe begegnet, wo wäre ich heute? Seine väterliche, mitfühlende und glühende Art hätte mich nie erreicht.

Je älter ich wurde, umso deutlicher merkte ich, dass mein Vater kein Teil von uns war. Seine vielen

Hobbys, die er anfing und genauso schnell wieder beendete, hatten nie etwas mit uns zu tun. Auf die Frage nach Taschengeld sagte mein Vater nur: »Geh arbeiten!« Und so klaute ich meine Süßigkeiten im Lebensmittelgeschäft. Im Alter von 16 Jahren wurde ich von einem Jugendpastor gefragt, ob ich wüsste, dass es jemanden gibt, der mich liebt. Diese Frage bewirkte etwas, das mein ganzes Leben und meine Haltung über Nacht veränderte.

Zum ersten Mal beschäftigte ich mich bewusst mit dieser Liebe, die in meiner Kindheit keinen Platz gefunden hatte. Natürlich sprach der Pastor von Gottes Liebe, die ich bis dahin auch nicht kannte, doch plötzlich wusste ich, woraus meine Einsamkeit und meine Probleme resultierten.

Gibt es diesen Gott, der mich liebt, obwohl ich mich von meiner Familie abgelehnt fühle? Gibt es diese liebende Kraft, die imstande ist, mir das zu geben, was mir bis dahin verwehrt wurde? Ich hatte nichts zu verlieren und entschied mich, Christ zu werden, was auch immer das bedeutete. Und ich wollte etwas für Kinder tun, damit sie nicht so aufwachsen mussten wie ich. Zwei Entscheidungen, die viele Dinge in mir und vielleicht auch durch mich veränderten.

Auch in dieser Zeit erlebte ich meinen Vater wie einen Fremden. Er war zwar das einzige bisschen Familie, was ich besaß, aber er zeigte keinerlei Interesse. Auch die vielen Jahre danach suchte er niemals den Kontakt oder schickte ein Lebenszeichen von sich.

Immer wieder versuchte ich ihn einzuladen, mit ihm zu telefonieren, E-Mails zu schreiben, doch von seiner Seite aus kam nie etwas zurück. Über all die Jahre habe ich mir immer wieder die gleiche Frage gestellt: Hat dein Vater dich jemals geliebt? Doch die Antwort blieb aus, genau wie eine Erwiderung auf meine jährlichen Mails zu seinem Geburtstag.

Nun lag es vor mir, das Schreiben des Notars, das mir den Tod meines Vaters mitteilte. Obwohl ich nichts zu erwarten hatte, auch nicht mit einem Testament rechnete, war alles in mir angespannt.

Irgendwo in diesem förmlichen Brief wollte ich einen Satz finden, der ein Stück Vaterliebe für seine Kinder erkennen ließ. So las ich seinen Inhalt mit zitternden Händen und Schweiß auf der Stirn. Doch viel zu lesen gab es nicht. Neben all den Aktenzeichen, Nummern und Daten enthielt das Schreiben nur wenige Zeilen: die Information zum Todestag meines Vaters und einen Satz, der meinen Bruder und mich betraf. Sein letzter Wille, der ihm allerdings offensichtlich nicht erfüllt wurde.

Vor seinem Tod hatte er den Notar aufgesucht, um testamentarisch festzuhalten, dass seine Kinder nicht über sein Ableben informiert werden sollten.

Aus meinen Augen flossen Tränen. Meine Vermutung, die ich schon einige Jahrzehnte mit mir herumgeschleppt hatte, wurde schlagartig bestätigt. Mein Vater hat uns nie geliebt. Auch wenn man immer versuchen soll, das Gute in einem Menschen zu sehen, war diese Nachricht für mich der zweite Stich ins Herz. Natürlich waren die Umstände der Ehe meiner Eltern schlimm und ich habe Verständnis für die damalige Trennung der beiden. Doch mit dieser persönlichen Verletzung umzugehen, fiel mir unheimlich schwer. Der eigene Vater hatte wohl keinen Platz im Herzen für seine Kinder. Dies war einer der schrecklichsten Tage in meinem Leben.

Wäre mir nicht vor vielen Jahren dieser barmherzige Gott mit seiner Liebe begegnet, wo wäre ich heute? Seine väterliche, mitfühlende und glühende Art hätte mich nie erreicht. Der Funke der Leidenschaft für andere Menschen, den er in meinem Leben entfacht hat, wäre dahinvegetiert.

Ich sitze hier vor leeren Seiten, die ich füllen soll mit Worten und Gedanken über den Text: »Seid barmherzig, wie auch euer Vater im Himmel barmherzig ist.« Ich bin so froh, dass ich etwas zu diesem Thema sagen kann, weil mir diese Barmherzigkeit begegnet ist.

Bernd Siggelkow
im Mai 2020

1
Barmherzigkeit
ist mehr

Es war ein anstrengender Tag. Am Morgen früh raus, mit dem ersten Flieger von Berlin nach Köln zu einer Aufzeichnung beim Sender RTL. Lange Vorgespräche, Maske, Aufzeichnung der Sendung, dann ins Taxi und zurück zum Flughafen, mit dem letzten Flugzeug des Tages zurück nach Berlin.

Verständlicherweise war ich müde und einfach kaputt – und so betrat ich auch das Terminal. Mein Büro hatte die Platzreservierung viel zu spät gebucht und so gab es auf dem überfüllten Rückflug nur noch einen Mittelplatz in der letzten Reihe.

Beim Einstieg gab es kaum ein Vorankommen. Jeder versuchte, sein angebliches Handgepäck in den oberen Ablagen zu verstauen, aber das war sehr schwierig. Schließlich gibt es unterschiedliche Vorstellungen von Handgepäck. So quälte ich mich in die letzte Reihe und drückte mich wie eine Ölsardine in meinen Sitz. Die Armlehnen waren schon besetzt, der linke und auch der rechte Sitznachbar machten es sich bequem. Sie breiteten ihre Zeitungen aus und platzierten sich so, als säßen sie zu Hause in ihrem Fernsehsessel.

Dieses Spiel kannte ich bereits von unzähligen anderen Flügen. Aus diesem Grund versuche ich immer einen Gangplatz zu bekommen, doch heute hatte ich das Gefühl, die ganze Welt hätte sich gegen mich verschworen. Ich schaute mich um, alle Plätze waren belegt. So ging auch die Hoffnung verloren, vielleicht spontan einen freien Platz besetzen zu können. Nur der Sitz direkt vor mir war noch frei, aber auch ein Mittelplatz – uninteressant.

Als ich so in Gedanken versunken vor mich hin grummelte, sah ich im Mittelgang des Flugzeuges einen Mann, der mindestens zwei Meter groß war und geschätzte drei Zentner wog. Er steuerte zielstrebig auf die Reihe vor mir zu. Unvorstellbar, wie dieser Mensch in den mittleren Sitz kommen sollte, wenn ich mit meinen 1,85 m und 85 kg schon das Gefühl hatte, in einer Sardinenbüchse zu sitzen. Doch irgendwie zwängte er sich in den Stuhl. So hatte ich nicht nur einen undankbaren Mittelplatz, sondern auch noch eine »Wand« vor mir. Der Tag war gelaufen, meine Laune im Keller. Lesen konnte ich nicht, schließlich gab es gar keine Möglichkeit, die Arme auszubreiten. Kopfhörer hatte ich zu

Hause vergessen und die Augen bekomme ich im Flugzeug sowieso nicht zu. Es gab nur einen Trost. Letzte Reihe heißt, mir wird als Erstem ein Getränk angeboten und ich würde schnell an meinen Kaffee kommen.

Barmherzigkeit ist für mich mehr, als verzweifelt zu helfen. Barmherzigkeit heißt, mit den Augen Gottes zu sehen.

So war es dann auch. Nachdem die Flughöhe erreicht war und das Signal ertönte, das den Service der freundlichen Flugbegleiter ankündigte, bekam ich mein ersehntes Heißgetränk, auch wenn es schwierig war, den Becher an den Mund zu führen.

Auch der recht kompakte Herr aus der Reihe vor mir bestellte einen Kaffee, was ich natürlich sofort mitbekam, schließlich hatte ich jetzt reichlich Zeit zum Beobachten.

Wie wird er wohl seinen Kaffeebecher halten können? Wie kommt er mit den Armlehnen klar? Wie sehr bedrängt er seine Nachbarn, auch wenn er das eigentlich gar nicht möchte? All diese Gedanken schossen mir durch den Kopf und lenkten mich zumindest zeitweise von meinem Frust und meinem stressigen Tag ab. Es war ruhig im Flieger. Jeder war mit seiner Zeitung, seinem Buch, seiner Musik, seinem Schlaf oder mit seinem Getränk beschäftigt. Plötzlich aber ein kurzer, lauter Aufschrei.

Der Kaffeebecher meines Vordermanns war auf das Bein seines linken Nachbarn gekippt, verursacht durch den Platzmangel und die eingezwängte Haltung. Der heiße Kaffee auf dem Bein des jungen Mannes ließ ihn heftig »Au« schreien. Schnell löste er seinen Gurt, sprang auf den Gang und versuchte, mit einer winzigen Serviette den Schmerz und den Fleck auf der Hose zu beseitigen.

In so einem Flugzeug hat das Personal seine Augen scheinbar überall. Der Service der meisten Fluglinien ist einfach hervorragend und die Bordcrew sehr aufmerksam. So auch diese Stewardess, die in unmittelbarer Nähe unserer Sitze stand. Sie stürmte in Windeseile herbei, bepackt mit einem Schwung Servietten, und trocknete flink den Boden, den Sitz und die Hose des betroffenen Passagiers, der noch immer mit hochrotem Kopf auf dem Gang stand.

Um mich herum schauten allen dem Geschehen zu und wunderten sich wahrscheinlich, wie auch ich, warum von dem Herrn, dem Verursacher dieses Missgeschicks, keine Reaktion kam.

Die Mitarbeiterin der Fluggesellschaft widmete sich wieder anderen Aufgaben und der Passagier auf dem Gang musterte erwartungsvoll den kräftigen Mann auf dem Sitz vor mir: »Haben Sie nicht etwas zu sagen?«, fragte er, immer noch mit errötetem Gesicht, mit Blick auf den Übeltäter. Der dreht sich nur kurz zum Gang und erwiderte: »Nein, was denn?« Spannung lag in der Luft. Eine Situation zum Fremdschämen. Vielleicht sollte ich doch besser woanders hinschauen. »Na, Entschuldigung – zum Beispiel«, tönte es verärgert vom Gang. »Und wofür?«, kam es knallhart zurück.

Die Halsschlagader des Mannes auf dem Gang schwoll förmlich an. Ich merkte, wie er versuchte, sich zurückzuhalten. Entweder weint er gleich oder er beginnt lautstark zu schreien, dachte ich bei mir. »Sie haben mir den Kaffee über das Bein gegossen!«, schoss es aus ihm heraus.

Der Herr vor mir blieb die ganze Zeit monoton, fast starr und vor allem kalt. Seine Körperhaltung und seine Worte waren abweisend. Das allein konnte jemanden schon zur Weißglut bringen, doch seine Antwort setzte allem die Krone auf: »… und was kann ich dafür?«

Den meisten Passagieren blieb wahrscheinlich der letzte Schluck des Getränks im Hals stecken, denn das war wohl ziemlich das Letzte, was man erwartet hatte. Der Mann am Gang setzte sich kopfschüttelnd zurück auf seinen Platz und niemand wagte, auch nur einen Ton zu sagen.

In diesem Moment war ich auch sprachlos, dachte aber anschließend über diese Situation viel nach.

So oft begegnen uns Menschen, die wir als kalt empfinden, an denen Dinge oder Situationen völlig abzuprallen und sie nicht zu berühren scheinen. »Ist doch mir egal« – eine Aussage, die ich von den meisten Teenagern in der Arche höre.

Anteilnahme, Betroffenheit, Empathie und Mitgefühl sind offenbar in der Gefühlswelt mancher Menschen nicht vorhanden – wie ausgestorben. Für sie heißt es: An erster Stelle komme ich und danach folge immer noch ich. Ich, ich, ich – etwas anderes gibt es nicht. Mit diesem Motto lebt es sich scheinbar am besten. Einstellungen und Weisheiten wie »Jeder ist seines Glückes Schmied«, »Hilf dir selbst, dann hilft dir Gott« oder »Der ist doch selbst schuld« machen das Zusammenleben in unserer Gesellschaft nicht leicht.

Und dann lesen wir, dass Jesus Christus spricht: »Seid barmherzig, wie auch euer Vater barmherzig ist!« (Lukas 6,36).

Ja, das ist eine Aussage, zu der wir Christen gern Ja und Amen sagen, aber für mich ist es eine echte Herausforderung. Gerade in einer Gesellschaft, in der bei vielen Menschen der pure Egoismus dominiert, wenig Verständnis für andere da ist und Hilfe oft nur aus Mitleid betrieben wird, sind Barmherzigkeit und Nächstenliebe vergessene Werte.

Es ist ja nicht so, dass ich automatisch barmherzig bin, nur weil ich Christ bin. Auch in vielen Gemeinden geht es oft nur um den Existenzkampf und nicht um den Nächsten. Wobei da die alte Frage wieder neu aufkommen sollte: »Wer ist eigentlich mein Nächster?«

Abgesehen davon würden die meisten Menschen um mich herum niemals von sich aus in die Kirche gehen, geschweige denn kennen sie einen Christen. Sie haben oft eigene Sorgen und Probleme, bei denen unsere Barmherzigkeit ins Schwanken gerät. Die Investition in diese Menschen wird zu einer Lebensaufgabe.

»Wer Gott liebt, wird auch seine Brüder und Schwestern lieben, und schließlich werden alle Menschen diese Liebe zu spüren bekommen« (2. Petrus 1,7; Hfa).

Somit kann ich nicht wegschauen, wenn jemand in Not ist, denn auch Gott würde niemals wegsehen. So oft sagen wir, dass wir Gott lieben, aber die Menschen um uns herum scheinen uns egal. Oft lese ich, wie Christen über Fehlentscheidungen von

Politikern oder anderen Menschen herziehen, statt selbst zu handeln. Klar, es ist immer einfach, gegen etwas oder jemanden zu sein, aber Gott reicht uns auch die Hand.

Wir sollen nicht nur reden, sondern vor allem handeln. Schließlich gibt auch Gott den Menschen nicht nur kluge Ratschläge – im Gegenteil: Er lässt seine Liebe und Vergebung ganz praktisch werden.

Lassen wir uns von der Liebe Gottes inspirieren, dann werden aus Worten Taten. Lieben wir ihn, dann können wir nicht mehr achtlos an unseren Mitmenschen vorbeigehen.

Vertrauen wir Gott, wird kein Weg zu anstrengend und keine Hürde zu hoch sein. Natürlich ist es immer leichter, Liebe mit den Lippen zu bekennen.

Aber was andere von uns sehen, ist nicht das, was aus unserem Mund kommt, sondern vielmehr die Dinge, die wir ganz praktisch bewirken.

Barmherzigkeit ist für mich mehr, als verzweifelt zu helfen. Barmherzigkeit heißt, mit den Augen Gottes zu sehen.

2
Barmherzigkeit oder Mitleid?

Es gibt mittlerweile eine Reihe von Wörtern, die sich in unser christliches Vokabular eingeprägt haben und die offenbar auch vorwiegend von Christen beziehungsweise im religiösen Kontext verwendet werden. Hierzu gehören Wörter wie Fürbitte, Sünde, Lobpreis, Gnade, selig, Segen und so weiter.

Viele dieser Wörter kann man schnell umschreiben oder einen verständlichen Begriff dafür finden. Zum Beispiel könnte man Sünde mit Schuld erklären oder selig mit dem Wort glücklich. Selbst das Wort Gnade kann man schnell als unverdiente Milde beschreiben. Bei dem Wort Barmherzigkeit oder barmherzig wird es schon wesentlich schwieriger. Viele verwechseln Barmherzigkeit mit Mitleid.

Bei meinen vielen Versuchen, eine Erklärung zu diesem Begriff zu finden, bin ich immer wieder darauf gestoßen, dass Barmherzigkeit beziehungsweise barmherzig sein grundsätzlich immer etwas mit Gott zu tun hat oder seinen Ursprung in der Bibel findet. Ich kann mich täuschen, doch es gibt unzählige Hinweise, so viele Aussagen und so viel Mutmachendes, was die Bibel uns über den barmherzigen und liebenden Gott sagt, der uns auffordert, so barmherzig zu sein, wie er es ist.

Vor einigen Wochen sprach ich mit einer Journalistin über verschiedene Hilfsangebote und Hilfsorganisationen. Wir unterhielten uns auch ziemlich ausgiebig darüber, dass soziale Arbeit oftmals eine Dienstleistung geworden ist, die häufig sogar gut bezahlt wird. Sie stellte in ihren Recherchen fest, dass manche sozialen Angebote vor allem aus finanziellem Interesse angeboten werden und dadurch auch oftmals nur an der Oberfläche kratzen und nicht in die Tiefe gehen.

Während unseres halbstündigen Interviews unterhielten wir uns auch darüber, dass Taten oft mehr zählen als Worte und Versprechungen. Spontan antwortete ich: »Das unterscheidet die Menschen, die aus Mitleid handeln, von denen, die es aus Barmherzigkeit tun.« Dieser Satz rutschte mir so spontan heraus, dass ich selbst darüber erstaunt war. Wie aus der Pistole geschossen kam die Antwort der Redakteurin: »Das verstehe ich jetzt nicht. Barmherzigkeit ist doch ein christliches Wort. Wo liegt denn der Unterschied zu Mitleid?«

Puh, manchmal ist der Mund schneller als der Kopf! Ich versuchte zu erklären, dass die eine Handlung eher dem Kopf und die andere eher dem Herzen entspringt. Natürlich könnten selbst Menschen, die nichts mit dem christlichen Glauben am Hut hätten, barmherzig sein.

Allerdings ließen mich dieses Gespräch und auch die Definition der Begriffe nicht mehr los und so bat ich zwei befreundete Pastoren, mir den Unterschied zwischen Mitleid und Barmherzigkeit aus ihrer Sicht einmal aufzuschreiben. Ich war gespannt, ob sich ihre Aussagen mit meiner Wahrnehmung decken würden, und hoffte, den Unterschied künftig vielleicht mit wenigen Worten erklären zu können.

Ich bin schon oft
in Situationen gekommen,
in denen mir die Tränen wie
Wasserfälle über die Wangen
geflossen sind. Am Ende solcher
Tage hatte ich das Gefühl, dass
Gott mir sagt: »Siehst du, solche
Dinge erlebe ich tausendfach –
und hunderttausendfach ist
meine Bereitschaft zu vergeben.«

Der erste Pastor erklärte es so: »Nach meinem Verständnis ist Mitleid ein Gefühl, das durch das Leid eines anderen ausgelöst wird. Mitleid kann entweder lediglich traurig machen oder auch zu einer Aktion führen, um das Leid des anderen zu verringern. Barmherzigkeit ist eine Eigenschaft Gottes und von Menschen, die anderen überdurchschnittlich viel Verständnis entgegenbringen. Barmherzigkeit ist eine Motivation, die für andere das Beste will.«

Interessant finde ich bei dieser Definition, dass hier das Wort Liebe gar nicht vorkommt. Geschuldet ist das vielleicht der Kürze des Textes, aber vielleicht auch der Tatsache, dass das Thema aus dem Blickwinkel des Helfens heraus betrachtet wird.

Der zweite Pastor umschrieb alles viel umfangreicher: »Während Mitleid mitunter beim Bedauern stehen bleibt, geht Barmherzigkeit zur Tat über, schafft ganz praktische Abhilfe und lindert die Not. Barmherzigkeit schaut nicht nur hin, sie fasst sich ein Herz, setzt sich in Bewegung und wendet sich den Notleidenden zu. Sie ist die Bewegung vom Starken zum Schwachen, vom ›Mächtigen‹ zum ›Ohnmächtigen‹, vom ›Bemittelten‹ zum ›Mittellosen‹. Sie ist das wohlwollende Handeln am Nächsten. Barmherzigkeit zeigt sich in der helfenden Zuwendung von Mensch zu Mensch und vor allem in der heilsamen Zuwendung von Gott zu Mensch. Gott wird als der Barmherzige und Gnädige beschrieben, der sich immer wieder dem Menschen zuwendet. Gott bekundet nicht einfach aus der Ferne sein Mitleid, sondern er kommt in Jesus Christus in unsere Lebenswelt und schafft Abhilfe. Daran wird deutlich, dass Barmherzigkeit ein echtes Mitgefühl ist, welches in praktischen Taten konkret wird.«

Auch hier taucht das Wort Liebe nicht auf. Allerdings gehe ich davon aus, dass für die beiden Geistlichen Barmherzigkeit und Liebe unmittelbar zusammenhängen und die Liebe deshalb keiner separaten Erwähnung bedarf.

Es ist unglaublich schwer, in einem kurzen oder einem etwas längeren Absatz zu erklären, was Barmherzigkeit wirklich bedeutet. Ich bin froh, dass ich hier etwas mehr Platz für meine Definition habe. Ich möchte mich dafür auf zwei Bibelstellen konzentrieren:

1. Psalm 103,8:
   Barmherzig und gnädig ist der Herr, geduldig und von großer Güte.

In der Bibel lesen wir viel über den einen barmherzigen Gott, der die Welt erschaffen und den Menschen als sein eigenes Gegenüber gemacht hat. In einer Predigt sagte ich einmal, dass Gott so egoistisch war, den Menschen als sein persönliches Gegenüber zu schaffen, ohne dass das Wort egoistisch hier negativ klingen soll. Gott liebt seine Schöpfung. Der Mensch sollte in Harmonie, Einklang und Gemeinschaft mit Gott leben. Gott gab ihm göttliche Handlungsfähigkeiten. Doch der Mensch missbrauchte sie und kehrte seinem Schöpfer den Rücken zu.

Anstatt sich von seinen Geschöpfen abzuwenden, versuchte Gott immer wieder, seine Menschen zurückzugewinnen, auch wenn er oft enttäuscht und scheinbar verbittert über ihre Taten war. Meiner Meinung nach war Gott nie geprägt von Mitleid, was nur oberflächlich und kopfgesteuert wäre. Der einzigartige Schöpfer ist von Liebe motiviert. Spätestens, wenn wir im Neuen Testament forschen, erkennen wir deutlich, wie groß Gottes Liebe ist: Sie war sogar bereit, das Größte für die Schöpfung zu tun, nämlich den eigenen Sohn zu opfern. Gott zeigt nicht ein bloßes Mitgefühl für die Schandtaten der Menschen, sondern er lässt in sein Herz blicken. Liebe, das ist die prägende Eigenschaft des Gottes, der nichts anderes vor Augen hat als seine »Kinder«.

Diese Liebe findet ihre Überleitung in Gottes Barmherzigkeit, die die Grundlage seines Handelns ist. Würde Gott nur aus Mitleid handeln, würde es bereits keine Menschen mehr geben. Weil er aber aus Barmherzigkeit agiert, schlägt sein Herz auch dann für jeden Einzelnen, wenn dieser immer noch seine eigenen Wege geht.

2. Lukas 6,36: Seid barmherzig, wie auch euer Vater barmherzig ist.

In vielen Bibelversen macht Gott uns deutlich, dass wir von ihm lernen sollen. Sein Beispiel soll unser Antrieb sein. Jesus sagte einmal: »Wer mich sieht, der sieht den Vater« (Johannes 14,9). Da Jesus geprägt war von Mitgefühl, Warmherzigkeit und Liebe, können wir anhand seines Lebens das barmherzige Wesen Gottes erkennen. Unser Auftrag ist es, zuerst durch Jesus das Herz Gottes zu erkennen und dann entsprechend ebenso zu handeln. Somit darf Gottes Liebe die Grundlage unseres Handelns sein.

Mich hat mal ein junger Christ gefragt: »Wie kann ich meinen Nächsten lieben, wenn ich nicht einmal mich selbst lieben kann?« Diese gute Frage habe ich mir auch sehr oft in meinem Leben gestellt und dabei eine interessante Feststellung gemacht. Habe ich großen Hunger und kann zwischen einer kleinen und einer großen Portion meines Lieblingsessens wählen, entscheide ich mich für die große Portion. Könnte ich zwischen einem kaputten und einem intakten Auto wählen, würde ich immer das nehmen, was für mich mit den wenigsten Komplikationen verbunden ist. Und jetzt noch einmal: Liebe ich mich nicht schon dadurch, dass ich das Bessere für mich will? Es ist häufig eine Sache des Blickwinkels.

Genauso ist es mit dem barmherzigen Handeln. Wenn wir uns Gott als theoretisches Vorbild nehmen, dann können wir natürlich seinem Beispiel folgen, müssen es aber nicht zwingend. Doch sind wir einmal von seiner Liebe angesteckt, können wir gar nicht anders, als so zu handeln wie er.

In den letzten Jahren saßen oft Christen in meinem Büro, die in ihrer Gemeinde eine ähnliche Arbeit starten wollten, wie die Arche sie leistet. Nachdem ausgiebig über Inhalte, Programm und Motivation gesprochen wurde, stellte ich immer ein und dieselbe Frage: »Warum wollt ihr euch um solche Kinder und Familien kümmern?«

In 90 Prozent der Fälle wusste ich schon von vornherein die Antwort: »Weil Jesus diese Menschen liebt und weil wir sie für das Reich Gottes gewinnen wollen.«

Meine Antwort lautete dann immer: »Das reicht nicht, dann könnt ihr wieder nach Hause fahren.«

Wer mich kennt, weiß, dass ich oft provoziere, um mein Gegenüber herauszufordern, über das eigentliche Handeln richtig nachzudenken. Ich hasse Oberflächlichkeit, Halbherzigkeit und Egoismus.

In der Regel waren meine Gesprächspartner in diesem Moment immer geschockt über meine Antwort und fragten spontan: »Warum reicht das denn nicht?«

Sehr intensiv versuchte ich meinen Mitchristen zu erklären, dass bei dieser Arbeit und ihren besonderen Herausforderungen verschiedenste Enttäuschungen an der Tagesordnung sind. Jesus kennt all diese Enttäuschungen und kann damit umgehen. Nicht nur das Herz Gottes muss die Menschen lieben, mit denen wir arbeiten, sondern auch unser eigenes Herz, unsere eigene Motivation und unsere eigenen Gefühle müssen dahinterstehen. Nur dann können wir authentisch sein und werden nicht enttäuscht darüber sein, wenn unsere eigenen Ideen nicht zum Erfolg führen. Barmherzigkeit kann ich nicht von Gott auf mich ableiten, sondern ich muss selbst eine eigene barmherzige Haltung entwickeln. Angesteckt sein von Gottes Motivation.

Nur wenn auch unser eigenes Herz und unsere eigenen Gefühle dahinterstehen, können wir authentisch barmherzig gegenüber anderen Menschen sein.

Vor einigen Jahren habe ich angefangen zu beten, dass Gott mir zeigt, wie er liebt. Ich wollte erkennen, was es bedeutet, Menschen aus der Sicht Gottes zu sehen und zu lieben. Ich wollte ihn besser verstehen können. Manchmal wünschte ich, dass ich dieses Gebet niemals ausgesprochen hätte. Denn ich bin schon das ein oder andere Mal in Situationen gekommen, in denen mir die Tränen wie Wasserfälle über die Wangen geflossen sind. Persönliche Enttäuschungen, vergeblicher Einsatz für Menschen, Ablehnung, Verachtung, Zerbruch und vieles andere haben mich in Situationen geführt, die mich an den Rand meiner Kraft gebracht haben. Am Ende solcher Tage lag ich oft im Bett und hatte das Gefühl, dass Gott mir sagt: »Siehst du, solche Dinge erlebe ich tausendfach – und hunderttausendfach ist meine Bereitschaft zu vergeben. Du wirst enttäuscht, ich werde millionenfach enttäuscht. Du rennst einem Menschen hinterher, ich renne Milliarden von Menschen hinterher.«

Auch wenn jede dieser Erfahrungen leidvoll war, erkenne ich doch, dass ich durch das Kennenlernen der Barmherzigkeit Gottes nur profitiert habe. Sie half mir, einen eigenen Lebensstil der Barmherzigkeit zu entwickeln, der mein Tun motiviert.

3
Was für
ein Vater

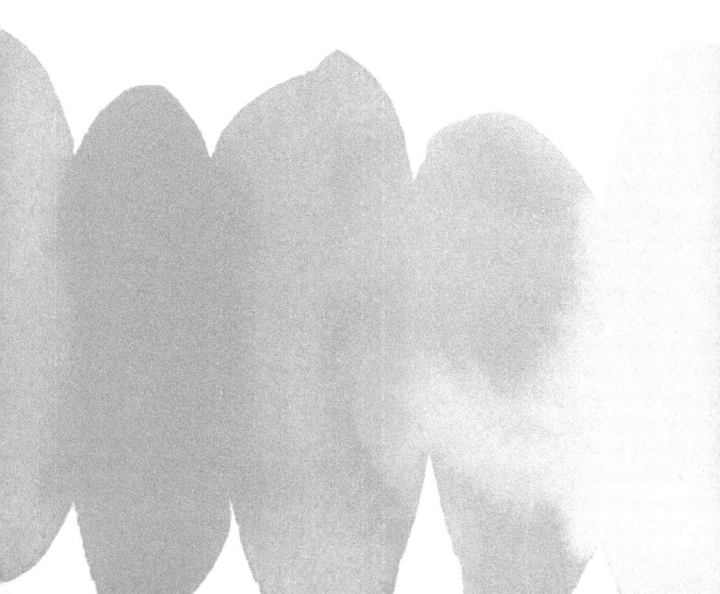

In dem Gleichnis vom verlorenen Sohn beschreibt Jesus exemplarisch die Barmherzigkeit Gottes.

Jesus erzählte weiter: »Ein Mann hatte zwei Söhne. Eines Tages sagte der jüngere zu ihm: ›Vater, ich will jetzt schon meinen Anteil am Erbe haben.‹ Da teilte der Vater seinen Besitz unter die beiden auf. Nur wenige Tage später machte der jüngere Sohn seinen Anteil zu Geld, verließ seinen Vater und reiste ins Ausland. Dort leistete er sich, was immer er wollte. Er verschleuderte sein Geld, bis er schließlich nichts mehr besaß. Da brach in jenem Land eine große Hungersnot aus. Es ging dem Sohn immer schlechter. In seiner Verzweiflung bettelte er so lange bei einem Bauern, bis der ihn zum Schweinehüten auf die Felder schickte. Oft quälte ihn der Hunger so sehr, dass er sogar über das Schweinefutter froh gewesen wäre. Aber nicht einmal davon erhielt er etwas.

Da kam er zur Besinnung: ›Bei meinem Vater hat jeder Arbeiter mehr als genug zu essen, und ich sterbe hier vor Hunger. Ich will zu meinem Vater gehen und ihm sagen: Vater, ich bin schuldig geworden an Gott und an dir. Sieh mich nicht länger als deinen Sohn an, ich bin es nicht mehr wert. Lass mich bitte als Arbeiter bei dir bleiben!‹

Er machte sich auf den Weg und ging zurück zu seinem Vater. Der erkannte ihn schon von weitem. Voller Mitleid lief er ihm entgegen, fiel ihm um den Hals und küsste ihn. ›Vater‹, sagte der Sohn, ›ich bin schuldig geworden an Gott und an dir. Sieh mich nicht länger als deinen Sohn an, ich bin es nicht mehr wert.‹

Sein Vater aber befahl den Knechten: ›Beeilt euch! Holt das schönste Gewand im Haus und legt es meinem Sohn um. Steckt ihm einen Ring an den Finger und bringt Schuhe für ihn! Schlachtet das Mastkalb! Wir wollen essen und feiern! Denn mein Sohn war tot, jetzt lebt er wieder. Er war verloren, jetzt ist er wiedergefunden.‹ Und sie begannen ein fröhliches Fest.

Inzwischen war der ältere Sohn nach Hause gekommen. Er hatte auf dem Feld gearbeitet und hörte schon von weitem die Tanzmusik. Er rief einen Knecht herbei und fragte ihn erstaunt: ›Was wird denn hier gefeiert?‹ ›Dein Bruder ist wieder da‹, antwortete er ihm. ›Und dein Vater freut sich sehr, dass er ihn wohlbehalten wiederhat. Deshalb hat er das Mastkalb schlachten lassen, und jetzt feiern sie ein großes Fest.‹ Der ältere Bruder wurde wütend und wollte nicht ins Haus gehen. Da kam sein Vater zu ihm heraus und redete ihm gut zu: ›Komm und freu dich mit uns!‹ Doch er entgegnete ihm bitter: ›All diese Jahre habe ich mich für dich abgerackert. Alles habe ich getan, was du von mir verlangt hast. Aber nie hast du mir auch nur eine junge Ziege gegeben, damit ich mit meinen Freunden einmal richtig hätte feiern können. Und jetzt, wo dein Sohn zurückkommt, der dein Vermögen mit Huren durchgebracht hat, jetzt lässt du sogar das Mastkalb für ihn schlachten!‹

Sein Vater redete ihm zu: ›Mein Sohn, du bist immer bei mir gewesen. Alles, was ich habe, gehört auch dir. Darum komm, wir haben allen Grund, fröhlich zu feiern. Denn dein Bruder war tot, jetzt lebt er wieder. Er war verloren, jetzt ist er wiedergefunden!«

Lukas 15,11-32; Hfa

Jesus beschreibt in dieser Geschichte Gott als einen Vater, der mit unendlicher Sehnsucht auf seinen Sohn wartet. Dieser Sohn verließ Vater und Bruder, ließ sich aber vorher seinen gesamten Erbteil auszahlen, um sein großes Glück in der Ferne zu suchen. Ihm war alles zu langweilig und eintönig geworden. Er hatte keine Lust mehr auf Hausmannskost und Schufterei. Er wollte sich lieber vergnügen und der geschäftlichen und privaten Verantwortung entfliehen. Überall ist es besser als zu Hause. Eintönigkeit und Regeln sind nichts für junge Menschen, so schien seine Devise.

Die Bibel berichtet uns, wie schnell der junge Mann neue Freunde fand, durch die Partymeilen zog und all das Geld, für das sein Vater hart gearbeitet hatte, in Windeseile ausgab. Während dieser Zeit des ausgiebigen Feierns und leichten Lebens verschwendete der Sohn nicht einen einzigen Gedanken an seine Familie, sein Zuhause oder seine Kindheit. Er war in Feierlaune. Manch einer würde sagen, er wollte sich seine Hörner abstoßen. Aber darum ging es Jesus gar nicht, als er diese Geschichte erzählte.

Als die Realität den jungen Mann schließlich einholte, waren alle neuen Freunde plötzlich verschwunden. Das Geld war ausgegeben, das Luxusleben konnte nicht mehr weitergehen. Mit einem Schlag interessierte sich niemand mehr für den jungen Lebemann. Wenn man ganz unten angekommen ist, fühlt man sich ganz allein. Nein, mehr noch: Man ist tatsächlich allein, denn die meisten Menschen sind nicht bereit, den schwierigen Weg mitzugehen.

Er wacht auf in einem Schweinestall, der nicht nur die Unordnung seines Lebens widerspiegelt, sondern auch das Chaos, das er selbst verursacht hat. Mitten im Schlamm liegend, neben den Abfällen, mit denen er seinen Hunger notdürftig stillt, schweifen seine Gedanken in die Vergangenheit. An dieser Stelle berichtet Jesus uns nicht, dass der Sohn sich zurück zu seinen angeblichen Freunden oder den Feiern wünscht. Nein, seine Gedanken drehen sich um die Existenz, um die wahren Freunde, um die Sehnsucht nach Anerkennung und Liebe. All das fand er nicht in dem hemmungslosen Lebensabschnitt, der nun so abrupt endete.

Er besinnt sich auf seine Familie, auf seine Arbeit, die Angestellten seines Vaters, die immer gut behandelt wurden. Ihm wird klar, dass es jedem Mitarbeiter seines Vaters besser geht als ihm, dem Sohn. Seine Gedanken sind beim Vater, der offenbar nicht nur ein gutes Herz für seine Kinder, sondern auch für seine Mitarbeiter hat. Der Junge beschließt zurückzukehren und um eine Arbeit im heimatlichen Betrieb zu bitten. Sein Entschluss ist vom guten Vorsatz geprägt, das zurückzuzahlen, was er einst genommen beziehungsweise bekommen hat.

Allerdings rechnet er sicher nicht damit, dass der Vater bereits auf ihn wartet. Seit dem Auszug seines Sohnes geht er jeden Tag, wahrscheinlich nach vollbrachter Arbeit, vor sein Grundstück und hält voller Sehnsucht Ausschau nach seinem verlorenen Sohn.

Viele Gedanken und Wünsche müssen den Sohn auf seinem Weg begleitet haben, Ängste und Zweifel, ob er wohl jemals wieder nach Hause kommen würde. Der Vater aber gibt die Hoffnung nicht auf und wartet tagein, tagaus. So lange, bis dieser kleine Punkt am Horizont zu sehen ist. Zuerst ist es nur ein unbestimmtes Etwas, das sich auf ihn zubewegt. Doch dann, schon am Gang, an der Haltung und vielleicht sogar am Wehen der Haare, erkennt der Vater seinen Sohn. Er läuft ihm entgegen, schließt ihn fest in die Arme, küsst und drückt ihn. Und alles, was die Vergangenheit bis dato zeigte, ist ein für alle Mal vergeben und vergessen. Diese Sehnsucht und Liebe eines Vaters, dessen Nächte grauenvoll gewesen sein mussten, münden in der Freude des Wiedersehens.

Jesus stellt uns diesen Vater als seinen Vater vor, nämlich den Gott, der die Menschen als seine Kinder geschaffen hat. Sozusagen sein Fleisch und Blut. Mit der Liebe eines Vaters und mit der Liebe einer Mutter möchte dieser Gott nichts anders, als seine Kinder bei sich zu haben. Egoistisch, aber völlig berechtigt, denn Gott liebt Gemeinschaft, Familie, Freunde, Lachen und vor allem Liebe.

Man könnte denken, dass in Gottes Plan etwas schiefgegangen ist, weil seine Schöpfung ihm den Rücken kehrte und ihren eigenen Weg ging. Ähnlich wie in der Geschichte vom verlorenen Sohn, der ausbrach, um sich selbst zu verwirklichen. Doch Gott hat den Menschen bewusst mit einem eigenen Willen ausgestattet, mit einer in diesem Fall göttlichen Fähigkeit, die es erlaubt, eigene Entscheidungen zu treffen. Gott schuf bewusst keine Puppen, sondern sein Ebenbild.

Die ganze Weltgeschichte hindurch erlebten Menschen Gott als Vater, sogar ganze Völker erlebten die Führung ihres Gottes. Trotzdem wendeten sich viele von seinen Ratschlägen ab, verließen seinen Weg und seine Vorgaben. Aber immer wieder begegnen diesen Menschen und Völkern die warmen Worte eines liebenden Vaters.

Denn der HERR, euer Gott,
ist gnädig und barmherzig
und wird sein Angesicht nicht
von euch wenden.
2. Chronik 30,9

Nicht nur dem Volk Israel auf seiner Flucht vor den Ägyptern auf dem Weg ins verheißene Land begegnete Gott mit dieser einzigartigen Barmherzigkeit, sondern auch den Königen und Propheten, die er einst berufen hatte, die aber oft ihre eigenen Wege beschritten. Obwohl wir lesen, dass Gott enttäuscht, zornig, wütend und traurig wird, schaltet er immer wieder um und zeigt sein liebevolles, dem Menschen zugewandtes Herz.

Für Gott ist Barmherzigkeit kein Zeichen von blankem Mitgefühl. Sie ist vielmehr seine unbeschreibliche Liebe, seine Sehnsucht, die großartige Güte und vor allem die Gnade, die er jedem Menschen entgegenbringt, ohne Ausnahme. Selbst als er das Wichtigste geben muss, um seiner Schöpfung zu beweisen, wie ernst er es meint, nimmt er auch dieses Opfer für uns in Kauf.

Er schickt seinen Sohn auf die Welt, um zu zeigen, wie er selbst ist. Er bringt Vergebung, Liebe und Hoffnung auf und in diese Welt. Er wird klein, um für uns verständlich zu sein. Er scheint schwach, um uns stark zu machen. Er scheint verloren, um uns zu gewinnen. Er stirbt, damit wir leben können.

Gott hat nichts anderes vor Augen als uns. Seine Liebe ist der Herzschlag, der uns aufwecken will.

Von diesem Beispiel sollen wir lernen. Gott gibt uns die klare Aufforderung, uns an ihm zu orientieren und nicht nur Halt bei ihm zu suchen. Wir sollen und dürfen barmherzig sein, wie dieser Vater im Himmel barmherzig ist.

Eine Welt, eine Gesellschaft, ein Mensch, die oder der nur seinen eigenen Weg geht, wird früher oder später sehr einsam sein. Das Chaos wird über ihn und sein Leben hereinbrechen. An ihren Früchten werden wir die Menschen erkennen, sagt Jesus in Matthäus 7,20. Das gilt auch für uns: Auch wir werden an unseren Früchten erkannt. Wie sehr wir uns an der Liebe und Barmherzigkeit Gottes orientieren und wie viel davon uns in Fleisch und Blut übergegangen ist, wird jeder deutlich erkennen. Wir müssen nicht erst im Dreck landen, um zu erkennen, dass da jemand ist, der voller Sehnsucht auf uns wartet. Leider hat das niemand diesem verlorenen Sohn gesagt. Aber sicher ist: Würde dieser Sohn noch weitere hundert Mal von zu Hause weglaufen, wäre der Vater bereit, auch diese hundert Mal zu warten, zu hoffen, zu lieben und zu vergeben.

In einem alten Lied heißt es: »Barmherzig, geduldig und gnädig ist er, viel mehr, als ein Vater es kann« – und genau das beschreibt die Barmherzigkeit Gottes, des Vaters, die in Jesus sichtbar wird.

4
Es geht nicht um Kleingeld

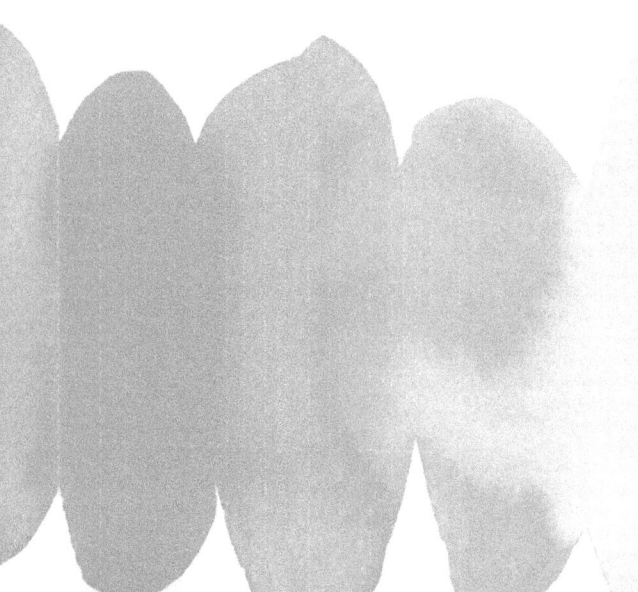

Mittlerweile haben wir uns – zumindest in den Großstädten – daran gewöhnt, dass in belebten Einkaufsstraßen oder in den öffentlichen Verkehrsmitteln Menschen betteln.

Obdachlose, Punker, Jongleure, Musiker oder auch Mütter mit kleinen Babys versuchen, die Aufmerksamkeit von Passanten auf sich zu lenken, um Geld von ihnen zu erbetteln. Die einen machen es, weil es ihr Beruf ist oder weil sie dadurch beruflich vorankommen wollen. Das sind meistens die Straßenmusiker, die zum Teil eine unglaubliche Performance bieten. Auf der anderen Seite gibt es allerdings auch organisierte Banden, die zum Teil Gebrechlichkeit und Armut vorspielen.

All das begegnet uns bei unseren Reisen, beim Einkaufsbummel oder bei unserem ganz normalen Weg durch die Stadt. Auch wenn ich nicht viel mit öffentlichen Verkehrsmitteln fahre, habe ich, wenn ich es einmal tue, meistens das »Glück«, von einem dieser Menschen überfallen zu werden.

Warum gebrauche ich das Wort überfallen? Ich glaube, dass es vielen Menschen so geht wie mir: Man fühlt sich in so einer Situation manchmal ein wenig überfordert. Es fällt nicht schwer, demjenigen, der uns musikalisch beglückt, ein Lächeln zu zeigen oder ein wenig Kleingeld zu schenken. Doch wenn sich mir jemand mit einer zweifelhaften Botschaft offenbart, dann bin ich nicht nur skeptisch, sondern frage mich häufig, warum ich gerade in diesen Waggon eingestiegen bin.

Wir möchten nicht belästigt oder in unserer Ruhe gestört werden. Wir wollen uns vielleicht nicht einmal mit diesem Thema auseinandersetzen und erst recht können wir nicht unterscheiden, wie viel von dem Gesagten der Wahrheit entspricht.

Der Blick durch die Reihen, die Unsicherheit, wer mich wohl anschaut, wenn ich etwas gebe oder nicht, bewirken Unbehagen in uns. Aus diesem Grund möchten wir so einer Begegnung lieber aus dem Weg gehen.

In meiner Zeit bei der Heilsarmee in Hamburg habe ich viele Menschen kennengelernt, die ohne Unterkunft oder von diversen Drogen abhängig waren. Alle hatten sich ihre eigene Geschichte zurechtgelegt, um über die Runden zu kommen. Eine Mischung aus Wahrheit, Übertreibung, mitleiderregenden und frei aus der Not heraus erfundenen Geschichten. Es ging immer nur um das Überleben und soll hier auch nicht mit einem Wort wertend klingen. Viele dieser Menschen hatten über Jahre ihren Beitrag in dieser Gesellschaft geleistet, bevor sie sich entweder freiwillig oder ganz unfreiwillig in ihre jetzigen Lebenssituationen begaben. Scheidungen, Arbeitslosigkeit und Einsamkeit haben viele von ihnen zu dem gemacht, was sie heute sind. Leider neigen wir in unserer Gesellschaft stark dazu, in Schubladen zu denken, zu richten und zu verurteilen. Auch wir Christen sind nicht gefeit davor. Wir verurteilen, bevor wir überhaupt die Geschichte kennen, die sich hinter einem Schicksal verbirgt. Ist das der Zeitgeist?

Auch ich habe mich oft dabei erwischt, all diese Geschichten, die an mich herangetragen wurden, als Lüge zu betrachten und den betroffenen Mensch aus meiner Wahrnehmung zu verbannen.

Allerdings neigen wir manchmal auch zum anderen Extrem. Schnell geben wir bedürftigen Menschen ein wenig Geld, wenn wir darum gebeten werden, schon allein deshalb, um unser Gewissen zu beruhigen.

> Sind nicht wertfreies Zuhören,
> das Aufbauen von Vertrauen und
> einige nette und ermutigende
> Worte die wichtigeren Bausteine,
> um einem Menschen den barm-
> herzigen Gott nahezubringen?

Als junger Heilsarmeeoffizier stand ich oft auf der Straße und versuchte, den vorbeigehenden Menschen etwas von der Liebe Gottes zu zeigen. Ich spielte dabei auf meiner Gitarre, was ich grundsätzlich ganz gut kann. Schließlich wollte ich nicht wegen fehlender musikalischer Fähigkeiten von vornherein von den umherlaufenden Passanten abgelehnt werden. Natürlich hatte ich immer eine Sammeldose dabei. Schließlich hat diese christliche Armee viele Jahre auch diese Einnahmequelle genutzt, um Gott und den Menschen dienen zu können. Viele der Passanten, die mir einige Münzen oder manchmal einen Schein in die Büchse warfen,

fragten dann: »Komme ich jetzt in den Himmel?«
Wahrscheinlich erinnerten sie sich an das Lied eines
Kölner Sängers, der in den 60er- oder 70er-Jahren sang: »Wir sind alles kleine Sünderlein … der
Herrgott wird es uns bestimmt verzeihn.« Vielleicht
dachten sie auch zurück an die Geschichte der Kirche im Mittelalter mit dem Spruch: »Wenn das Geld
im Kasten klingt, die Seele aus dem Feuer springt.«

Oft habe ich versucht, solche Aussagen zu kommentieren oder mit den Menschen ins Gespräch zu
kommen. Doch das war häufig vergebliche Liebesmühe. Im Grunde wollen wir alle weiterlaufen und
gar nicht mit solchen Themen konfrontiert werden.
Vielleicht wollen wir tatsächlich auch nur unsere
Seele beruhigen, wenn wir dem Bettler einen Euro
in die Mütze werfen. Aber das ist keine Barmherzigkeit, sondern Selbsttäuschung.

Eines Tages kam ich in Köln am Hauptbahnhof an.
Ich hatte dort einen Termin und fuhr von Berlin aus

mit der Bahn, was ich eher selten mache. Den Weg zum Ort meines Termins musste ich teilweise erfragen. Ich hatte kein Navigationsgerät bei mir, konnte mich aber hier oder da auch auf meinen guten Orientierungssinn verlassen. Ich überquerte eine Straße und kam in eine überfüllte Fußgängerzone. Die Ränder waren gesäumt von Menschen mit Plastiktüten, Koffern und kleinen Ständen. Viele kleine Menschengruppen bewegten sich langsam durch das Zentrum. Vor einigen Geschäften saßen Männer, teilweise in Begleitung von Hunden. Vor sich hatten sie leere Konservendosen aufgestellt, in der Hoffnung, dass die vorbeigehende Menschenmenge sie mit Geld füllen würde. Die ganze Szene bot ein interessantes Bild: Die meisten Menschen liefen an den Obdachlosen vorbei, ohne ihnen einen Blick zu widmen. Andere schauten kurz hin, wandten aber sofort den Blick wieder ab, vielleicht, damit sie erst gar nicht in Versuchung kamen, in ihren Taschen nach Kleingeld zu suchen. Andere Leute wiederum legten mitleidig ein wenig Geld in die Blechbüchsen.

Ich war so in Gedanken und in meine Beobachtung vertieft, dass ich völlig erschrak, als mich ein junger Punker von der Seite anmachte mit den Worten: »Haste mal ein wenig Kleingeld?« Völlig überrascht drehte ich mich dem zotteligen jungen Mann zu und sagte wie aus der Pistole geschossen: »Du bist aber genügsam.« Nun war mein Gegenüber perplex. Er schwieg kurz und ich merkte, wie es in seinem Hirn arbeitete. Er sah gar nicht so heruntergekommen aus. Er strahlte eher das Lebensmotto aus: »Ist doch mir egal.« Bestimmt trank er regelmäßig zu viel Alkohol und war aus unserer Gesellschaft ausgebrochen, deren Werte für ihn nun nicht mehr zählten. Ganz sicher war er nicht dumm.

»Wie meinen Sie das?«, fragte er etwas zögerlich. »Eigentlich möchtest du doch nicht nur Kleingeld, du hättest doch viel lieber eine größere Summe an Geld«, sagte ich zu ihm. Er schwieg wieder einen Moment. »Du willst im Grund doch nicht alle zwei Minuten jemanden um 10 oder 20 Cent bitten. Viel lieber möchtest du doch mehr, um dir das kaufen zu können, was dir gerade wichtig ist«, konfrontierte ich ihn mit einer freundlichen Stimme. »Ja, stimmt, Sie … äh … du hast recht.«

»Und warum fragst du dann nicht nach Großgeld?«, fragte ich ihn.

Ich war davon überzeugt, dass dieser junge Mann
noch nie mit jemandem darüber gesprochen hatte.
Er war völlig verdattert und wir kamen dadurch
ein wenig ins Gespräch. Leider hatte ich nicht so
viel Zeit, weil ich zu meinem Termin musste. Ich
zog dann einen Schein aus meiner Tasche und gab
ihn dem Punk. Wieder war er sichtbar überfordert.
»Wenn du etwas erreichen willst, dann musst du es
auch konkret formulieren«, sagte ich ihm, obwohl
ich wusste, dass die meisten Menschen ihn bei der
Frage nach »Großgeld« auslachen würden. »Du bist
cool und in Ordnung«, antwortete der jetzt sehr
nachdenkliche Kerl, der noch eine ganze Zeit lang
auf dem Fleck stehen blieb. Auf meinem weiteren
Weg durch die Fußgängerzone drehte ich mich noch
hin und wieder zu ihm um. Er stand noch eine Wei-
le da und man merkte, dass ihm einiges durch den
Kopf ging.

Ich habe mit ihm nicht über sein Leben an sich
oder seine Lebenssituation gesprochen, noch habe
ich in Erfahrung bringen wollen, wann er in mei-

nen Augen falsch abgebogen ist. Auch habe ich ihm nicht einfach ein paar Münzen aus Mitleid gegeben, um mein Gewissen zu beruhigen. Ich wurde von seiner Frage überrascht. Er riss mich aus meinen Gedanken, deshalb kam meine Antwort so spontan, wie ich nun mal bin, ohne lange darüber nachzudenken, was meine Aussage bewirken könnte.

So oft verpassen wir die Gelegenheit, uns mit Menschen zu beschäftigen, die sich scheinbar mitten in unseren Weg stellen. Damit verpassen wir wertvolle Begegnungen.

Es war nicht ein Akt von Barmherzigkeit, diesem jungen Mann einen Geldschein zuzustecken. Vor allem wollte ich nicht etwas aus Mitleid geben, denn dann hätte ich das Gefühl, mich über ihn zu stellen. Es war vielmehr eine echte Begegnung auf

Augenhöhe: Ich konfrontierte mich selbst in diesem Moment mit einem Menschen, mit dem ich mich im Grunde nicht konfrontieren wollte.

So oft verpassen wir die Gelegenheit, uns mit Menschen zu beschäftigen, die sich scheinbar mitten in unseren Weg stellen. Was wir dann verpassen, das können wir oft nicht beurteilen, weil wir uns und unserem Gegenüber mit seinem Anliegen aus dem Weg gehen.

Manch einer von uns denkt sicher, dass man solche Situationen natürlich gut zum Missionieren nutzen kann. Aber sind nicht vielleicht wertfreies Zuhören, das Aufbauen von Vertrauen und einige nette und ermutigende Worte die wichtigeren Bausteine, um einem Menschen den barmherzigen Gott nahezubringen?

5
Kann Gott an seinen Menschen verzweifeln?

Wenn man sich mit Worten auseinandersetzt, dann ist es nicht nur wichtig, die richtige Schreibweise zu kennen, sondern auch die Bedeutung, die sich dahinter verbirgt. Heutzutage kommt man dann nicht nur am Duden, sondern auch an Wikipedia nicht mehr vorbei. Somit war es völlig klar, dass auch ich beim Schreiben dieses Buches diese Internetplattform zurate zog. Ich wollte wissen, wie sich Menschen dem Thema »Barmherzigkeit« annähern.

Meinungen und Überzeugungen setzen sich aus vielen Facetten zusammen. Meistens verfolgt und übernimmt man sie blind. Aber es ist wichtig, sie auch einmal näher zu beleuchten und die Bedeutungen der Worte, Sätze oder auch ganzen Texte, auf denen unsere Meinungen basieren, zu überprüfen.

Ich schaltete also meinen Computer ein und auf dem Monitor erschien die Erklärung zur Barmherzigkeit. Meine Augen überflogen den Text mit all seinen Erläuterungen, Bibelversen, Zitaten, Namen und Zahlen. Viele der Inhalte waren mir vertraut, schließlich kenne ich die Verheißungen, die Gott seinem Volk in der Bibel gemacht hatte. Einen Großteil der zitierten Bibelverse kannte ich sogar auswendig.

Für mich war es spannend zu lesen, dass Barmherzigkeit in verschiedenen Religionen zum Tragen kommt und besonders im Judentum als eine der herausragenden Eigenschaften Gottes benannt wird. In 2. Mose 34,6 sagt Gott über sich selbst: »Ich bin der HERR, der barmherzige und gnädige Gott. Meine Geduld ist groß, meine Liebe und Treue kennen kein Ende!« (Hfa). Hier zeigt und offenbart sich Gott seinem Volk und unterstreicht die Eigenschaften, die ihm in der Begegnung mit seiner Schöpfung wichtig sind. Bei Wikipedia heißt es zur Erklärung dieses Verses: »Während das ›gnädig‹ darauf verweist, dass Gott sich seinem Volk zuwendet, drückt das ›barmherzig‹ aus, dass Gott die Sünde zwar sieht, aber verzeiht und dem Bund mit seinem Volk treu bleibt.«[1]

Plötzlich stockte jedoch mein Atem und ich war verunsichert, was ich da zu lesen bekam. Aber eigentlich war ich selbst schuld. Durch das Querlesen und die Verschiebung von Textstellen las ich: »… Gott verzweifelte an dem Bund mit seinem Volk.«

Natürlich stand das dort nicht, aber so hatte ich es in diesem Moment etwas verwirrt aufgenommen. Im Grunde war ich natürlich froh, dass ich die Wahrheit kannte. Trotzdem ließ mich diese »Falschaussage« nicht los. Gott verzweifelte an seinem Bund und damit an seinem Versprechen uns Menschen gegenüber?

Wie oft hatte ich gelesen und erlebt, dass Gott Erbarmen mit uns hat, dass seine Liebe für uns unaufhörlich ist und dass er immer wieder Gnade vor Recht ergehen lässt.

Ja, hätte er eigentlich nicht allen Grund dazu? Die Bibel berichtet uns im Alten Testament von Königen und Propheten, die einen guten Anfang genommen hatten. Die voller Enthusiasmus Gott und seinem Volk dienten. Menschen, die predigten, Kriege gewannen, Wunder erlebten und – solange es gut ging – für ihren Gott durchs Feuer gingen. Leider nahm es mit vielen von ihnen kein gutes Ende. Sie verließen den sicheren Weg mit Gott, setzten eigene Pläne in die Realität um, verloren die Bodenhaftung, weil sie mit dem Segen Gottes schlecht umgehen konnten, oder verfolgten ihre persönlichen Bedürfnissen mehr, als an Gottes sicherer Hand festzuhalten.

Auch als Jesus auf dieser Erde war, musste er feststellen, dass ein Großteil der Menschen eher große Reden schwang, als von Herzen zu glauben. Und später in der Kirchengeschichte finden sich unfaire Kriege, die im Namen Gottes geführt wurden, ebenso wie Christen, die sich auf unlauteren Wegen Reichtum verschafft, den Namen Gottes in den Schmutz gezogen und sich unglaubwürdig gemacht haben. Anstatt Liebe hat Hass triumphiert und anstatt Verständnis Egoismus Einzug gehalten.

Wie oft muss Gott verzweifelt auf seinem Thron gesessen und den Kopf über sein Versprechen geschüttelt haben.

Ich kann es nur menschlich ermessen, schließlich bin ich nicht Gott, aber wie wir alle habe auch ich viele Enttäuschungen erlebt. Doch wie fühlt man sich, wenn man immer nur Liebe und Vergebung sät und am Ende des Tages wieder leer ausgeht?

Eine Frau, die unsterblich in einen Mann verliebt ist, ihm ständig hinterherläuft, ihm Geschenke macht, hilfsbereit, liebevoll, verständnisvoll und herzlich ist, aber bei ihrem Gegenüber immer nur gegen eine Mauer läuft, wird früher oder später verzweifeln.

Ein Mitarbeiter, der sich die größte Mühe an seinem Arbeitsplatz gibt, sich mit dem Unternehmen identifiziert, freiwillig Überstunden macht und sich nach besten Wissen und Gewissen einbringt, aber von seinem Vorgesetzten ignoriert und nicht wahrgenommen wird, wird frustriert aufgeben oder die Flinte ins Korn werfen.

Ein unschuldig Gefangener, der im Gefängnis alle Probleme auf sich nimmt, sich extrem gut führt und beweist, dass er ein gutes Herz hat, aber trotzdem vor der Gefängniskommission nicht gesehen wird und die Neuverhandlung seines Prozesses

immer wieder abgelehnt bekommt, steckt irgendwann auch den Kopf in den Sand.

~~~~~~~~~~~~~~~~~~~~~~~~

So eine warmherzige,
uneigennützige Liebe, so ein
Vertrauen und Glauben in
seine Geschöpfe kann nur Gott
haben – auch wenn ich ehrlich
gesagt froh bin, nicht in seiner
Haut stecken zu müssen.

~~~~~~~~~~~~~~~~~~~~~~~~

So oft regen wir uns über Kleinigkeiten auf, bekommen wegen Unzulänglichkeiten einen dicken Hals
oder sind deprimiert, weil manches nicht beim ersten Anlauf klappt – doch was ist das schon im Ver-
gleich zu den beschriebenen Situationen?

Wie kann man jemandem nur immer wieder
vergeben, obwohl der andere es eigentlich nicht
verdient hat? Verhält man sich dann nicht wie ein
geschlagener Hund, der immer wieder zu seinem

misshandelnden Herrchen läuft, in der Hoffnung, dass er doch nur einmal gestreichelt wird? Doch genau so handelt Gott.

Für mich erschließt sich hier das Wort Barmherzigkeit. So eine warmherzige, uneigennützige Liebe, so ein Vertrauen und Glauben in seine Geschöpfe kann nur Gott haben – auch wenn ich ehrlich gesagt froh bin, nicht in seiner Haut stecken zu müssen.

An seiner Stelle wäre ich schon lange an meinem Versprechen verzweifelt. Aber Gott verzeiht und hält fest an dem Bund, den er mit seinem Volk, also auch uns, geschlossen hat. Er hat versprochen, treu zu bleiben.

Von diesen großartigen Eigenschaften Gottes können wir uns eine große Scheibe abschneiden. Treue, Vergebung, Barmherzigkeit, Warmherzigkeit, Uneigennützigkeit und Vertrauen dürfen auch in unserem Alltag viel mehr Einzug halten.

6
Barmherzigkeit und Nächstenliebe

Der emeritierte katholische Kurienkardinal Walter Kasper wurde von einem Journalisten gefragt, ob ihm Barmherzigkeit schon einmal schwergefallen sei. Die Antwort war knapp und ehrlich. Natürlich. Es gebe ja immer wieder Menschen, die einem nicht so sympathisch seien. Bei ihnen müsse man sich anstrengen, nachgiebig und gütig zu sein. Das sei von allen Werken der Barmherzigkeit das schwierigste: die »Unangenehmen« zu ertragen.

Ein Mitarbeiter in der Arche fragte mich einmal, ob auch mir das eine oder andere Kind einfach nur unsympathisch erscheint. Gibt es so etwas, auch bei Kindern? Ja, das haben wohl alle Menschen schon erlebt, die mit Kindern zusammenarbeiten. Aber dieses Bauchgefühl, einen Menschen nicht zu mögen, ist eine Bewertung und auch eine menschliche Schwäche. Barmherzigkeit bedeutet aktive Nächstenliebe, bedingungslos. Unabhängig davon, ob mir der andere sympathisch ist oder nicht.

Barmherzigkeit hängt nicht vom Charakter meines Gegenübers ab, sondern sie ist eine Frage meines Charakters. Gott fordert uns auf, seinem Beispiel zu folgen: barmherzig zu sein, unser Herz zu öffnen, die Not anderer Menschen wahrzunehmen und, ganz wichtig, entsprechend zu handeln.

Barmherzigkeit bedeutet, dass ich innerlich betroffen bin von dem, was mir begegnet. In Psalm 145 heißt es über Gott: »Gnädig und barmherzig ist der HERR, geduldig und von großer Güte. Der HERR ist allen gütig und erbarmt sich aller seiner Werke« (V. 8-9).

Was heißt das? Gott hat vor allen Dingen ein Herz für die Armen, für die Schwächsten und die Unterdrückten, also für die Menschen, die von der Gesellschaft an den Rand gedrängt werden. Gott fragt nicht lange nach, er handelt und will die Menschen aus ihrer Not herausholen. Und wir als Einzelne, aber auch als Arche und als Gemeinden, sind das Werkzeug Gottes. Wir Christen wissen, dass Gott sich durch nichts davon abhalten lässt, uns zu helfen und zu unterstützen. Deswegen müssen auch wir mit offenen Augen durch die Welt gehen und versuchen, das Leid anderer Menschen zu verringern.

Barmherzigkeit ist also nicht einfach nur ein frommer Begriff, sondern Barmherzigkeit ist gerade in schwierigen Zeiten eine deutliche Aufforderung, aktiv zu werden, genau hinzusehen, wo und was für eine Not und was für ein Leid herrscht. Weiß ich das, dann muss ich auch konkret handeln.

Barmherzigkeit ist nicht einfach
nur ein frommer Begriff.
Barmherzigkeit ist gerade in
schwierigen Zeiten eine deutliche
Aufforderung, aktiv zu werden
und genau hinzusehen,
wo Not herrscht.

Ich habe in der Literatur nachgelesen, was die Bestandteile von Barmherzigkeit sind. Herzensgüte war zu finden, aber auch Mitgefühl und Verständnis. All das ist in der Arbeit der Arche ganz wichtig. Mitempfinden, Freundlichkeit, Sympathie und Erbarmen gehören auch dazu. Aber es ist natürlich einfacher, Mitgefühl zu zeigen oder auszudrücken, als aktiv zu handeln und zu helfen – mit Zeit,

Geld oder was auch immer. Wir müssen uns auch dort in der Barmherzigkeit üben, wo es am meisten schmerzt. Das ist oft das Geld. Gerade wir Christen müssen mit dem helfen, was uns wirklich etwas kostet. Ich habe als Gründer und Leiter der Arche bisher viele Menschen treffen dürfen, die uns als Arche helfen wollten. Manche mit Geld, Zeit oder Sachspenden. Christen haben uns oft zugesichert, mit einem Gebet zu helfen. Das alleine reicht aber nicht immer.

Ein barmherziger Mensch wird auch tätig. Er teilt mit anderen Menschen, was er besitzt. Er opfert selbst sein eigenes Hab und Gut und die daraus entstehenden Annehmlichkeiten dem Wohl anderer.

Was bedeutet das im Alltag für uns alle konkret? Gott lässt sich durch nichts davon abhalten, uns in der Not zu unterstützen. Er ist immer und zu jeder Zeit für uns da. Er hat ein offenes Herz für uns alle, und das 24 Stunden am Tag. Deswegen müssen auch wir uns von der Not anderer Menschen betreffen lassen und handeln. Wir müssen also sehend durch die Straßen laufen, hinschauen, wo Not herrscht, uns einmischen und mit lauter Stimme auf die Menschen hinweisen, die Leid und Elend zu ertragen haben. Dass zum Beispiel in Deutschland so viele Kinder unterhalb der Armutsgrenze leben, darf ich nicht schweigend ertragen und womöglich noch akzeptieren. Barmherzigkeit gehört nicht nur in die geschlossenen Räume der Gemeinden. Barmherzigkeit findet nicht nur in der Kirche oder in unseren Wohnzimmern statt. Wir müssen nach draußen gehen und die Ungerechtigkeiten herausschreien.

Eine Mitarbeiterin der Arche sollte vor einiger Zeit an einem Sonntag in der Arche arbeiten. Eine international bekannte Basketballmannschaft wollte mit Arche-Kindern in der Turnhalle der Arche Berlin-Hellersdorf trainieren. Die noch junge Kollegin war ein wenig verunsichert und ich merkte, sie wollte nicht wirklich. »Was ist los?«, fragte ich sie. »Sonntags besuche ich immer den Gottesdienst, da habe ich am Vormittag keine Zeit.« Meine Antwort war klar und deutlich: »Vielleicht ist deine Arbeit hier ein Gottesdienst. Du bereitest den Kindern Freude, ein Erlebnis. Das ist auch ein Stück Barmherzigkeit, gerade weil du den Sonntag opferst.«

Barmherzigkeit ist nicht nur Mitgefühl, sondern aktive Nächstenliebe. Da gibt es übrigens in der Bibel, im neuen Testament, das Gleichnis vom barmherzigen Samariter (Lukas 10,25-37). Ein Mensch hilft einem anderen Menschen, obwohl er ihn nicht kennt. Und, ganz wichtig: Er erwartet keinen Dank. »Selig sind die Barmherzigen, denn sie werden Barmherzigkeit erlangen« (Matthäus 5,7).

Ist Barmherzigkeit heute also ein altertümlicher Begriff? Nein, ich glaube, das Wort Barmherzigkeit ist auch heute noch so aktuell wie eh und je. Barmherzigkeit kommt von Herzen, aus einem Herzen voller Liebe. Ich stelle mir oft die Frage, ob ich jeden Tag wieder genug Barmherzigkeit ausübe. Nicht immer bin ich da mit mir im Reinen, aber wer ist das schon? Wenn wir alle, jeden Tag, immer wieder aufs Neue Barmherzigkeit praktizieren, dann wird die Welt auf Dauer eine bessere sein. Gerade Kinder und Jugendliche aus sozial schwachen und bildungsfernen Familien brauchen unsere Hilfe und Unterstützung, und das nicht nur durch lauwarme Worte. Sie brauchen gelebte und praktizierte Barmherzigkeit – und zwar nicht nur einmal, sondern immer wieder.

Diese Erfahrungen dürfen wir bei unserer Arbeit in der Arche jeden Tag machen. Wenn ich einer Arche-Familie bei der Lösung eines Problems helfe, dann kann es sein, dass diese Familie mich 24 Stunden später schon wieder braucht. Ich kann mich also auf meiner gelebten Barmherzigkeit nicht ausruhen.

Das Zentralkomitee der deutschen Katholiken vertrat schon 1995 den Standpunkt, dass die Gesellschaft ohne Barmherzigkeit nicht auskommt. In ihrer Erklärung steht unter anderem: »Ohne Barmherzigkeit geht die motivationale Grundlage für die Sozialgesetzgebung verloren.« Auch wenn das soziale Netz die größte Not auffängt, gibt es viele, die trotzdem durch die Maschen fallen. Bei den Katholiken hieß es damals: »Barmherzigkeit ist der Quellgrund der sozialen Gerechtigkeit.«

> Als Christen sollten unsere Barm-
> herzigkeit und Nächstenliebe
> allen Menschen gelten und eine
> Selbstverständlichkeit sein.

Doch was ist eigentlich der Unterschied zwischen Barmherzigkeit und Nächstenliebe? Womit muss man hier anfangen? »Liebe deinen Nächsten wie dich selbst«, sagt Jesus (Matthäus 22,37-39). Dieses Gebot stellt Jesus von allen Geboten an die höchste Stelle. Doch wer ist eigentlich der Nächste? Auch die Antwort auf diese Frage hat Jesus in seinen Predigten immer wieder deutlich gegeben. Zuerst sind es natürlich unsere Eltern, dann kommen der Mann oder die Frau, die Kinder und dann... – hier müssen wir schon anfangen zu überlegen. Aber Jesus gibt uns unter anderem im Gleichnis vom barmherzigen Samariter die Antwort. Es sind unsere Nachbarn, Freunde, ja, alle Menschen, die uns über den Weg laufen.

Aber können wir überhaupt mit jedem Menschen »beste Freunde« sein? Hier kommt der anfangs zitierte Kardinal Walter Kasper wieder ins Spiel. »Die Unangenehmen zu ertragen«, dazu müsse man gütig und nachgiebig sein, äußerte sich der Theologe. Ich persönlich glaube, dass jeder Mensch von Gott geschaffen wurde und von ihm geliebt wird. Gottes Liebe ist bedingungslos. Sie ist ein Geschenk. Und dieses Geschenk müssen wir weitergeben. Von dieser unendlichen Liebe, mit der Gott uns liebt, müssen wir etwas abgeben, sie zurückgeben an unsere Nächsten. Das ist nicht immer einfach, aber wir können Gott um seine Hilfe dabei bitten. Und manchmal ist es auch gar nicht so schwer.

Ich möchte das an einem Beispiel deutlich machen. Vor einiger Zeit besuchte ich einen Arche-Unterstützer in seinem Büro in einem Berliner Hochhaus. Der voll besetzte Aufzug startete mit dem Ziel 16. Stock. Bereits im zweiten Stock hielt er an, die Türen gingen auf und zwei ungefähr zehnjährige Mädchen stiegen ein. Alle Leute im Aufzug starrten auf den Boden oder schauten gelangweilt in irgendeine Ecke. Keiner sagte etwas. Ich muss was tun, dachte ich und sagte: »Hallo, guten Morgen«, mehr nicht. Auch eine junge Frau grüßte dann und die Mädchen lächelten und waren irgendwie glücklich, wahrgenommen zu werden.

Es müssen nicht immer die großen Gesten und Taten sein. Eine kleine Geste ist schon wunderbar genug. Ich spüre es auch in der Arche, wenn ich frühmorgens das Haus betrete. Ein einfaches Lächeln, das ich den Mitarbeiterinnen und Mitarbeitern schenke, wenn ich ihnen begegne, wirkt Wunder. Sie sind motiviert und geben diese Aufmerksamkeit, die ihnen geschenkt wurde, sicherlich auch an andere weiter. Liebe verschenken ist ein Kreislauf.

Für uns Christen sollte das Gebot der Nächstenliebe nicht nur eine Emotion oder freiwillige Zusatzleistung sein. Nächstenliebe muss den Randgruppen, Unterdrückten und Benachteiligten zugute kommen. Nächstenliebe ist also eine Selbstverständlichkeit für jeden Christen. Jesus sagt in der Bergpredigt in Matthäus 5 unter anderem: »Ich aber sage euch: Liebt eure Feinde und betet für die, die euch verfolgen, auf dass ihr Kinder seid eures Vaters im Himmel. Denn er lässt seine Sonne aufgehen über Böse und Gute und lässt regnen über Gerechte und Ungerechte. Denn wenn ihr liebt, die euch lieben, was werdet ihr für Lohn haben?« (V. 44-46). Weiter heißt es dann: »Und wenn ihr nur zu euren Brüdern freundlich seid, was tut ihr Besonderes?« (V. 47).

Gottes Liebe ist bedingungslos.
Sie ist ein Geschenk.
Und dieses Geschenk müssen
wir weitergeben.

Auch die Begründung ist genial. Er sagt: »Tun nicht dasselbe auch die Heiden?« (V. 47). In der Tat. Barmherzigkeit und Nächstenliebe werden auch von vielen Nichtchristen gelebt. Viele Menschen unterstützen zum Beispiel die Arche, ohne einen »festen« Glauben zu haben. Zu Beginn der Coronakrise sah eine ältere Dame aus Berlin-Spandau einen Fernsehbericht über die Lebensmittel-Hilfe der Arche für bedürftige Familien. In diesem Beitrag baten wir die Fernsehzuschauer, uns mit Lebensmitteln auszuhelfen. Die Dame fuhr mit den öffentlichen Verkehrsmitteln jeweils über eine Stunde hin und zurück von Spandau nach Berlin-Hellersdorf und brachte uns zwei Konservendosen! Ich war zu Tränen gerührt.

Als Christen sollten unsere Barmherzigkeit und Nächstenliebe allen Menschen gelten und eine Selbstverständlichkeit sein, auch gegenüber unseren Feinden und den Menschen, die uns nicht natürlicherweise sympathisch sind. Nächstenliebe ist ein Dienst an unseren Mitmenschen. Wir setzen unsere eigenen Fähigkeiten und Talente ein, um sie auszuleben. Sie kennt keinen Eigennutz. Ich schlage vor, dass wir uns täglich hinterfragen, ob wir die Nächstenliebe auch leben. Sie ist eines der schönsten Geschenke, das man haben und weitergeben darf.

7
Barmherzigkeit und Sozialarbeit

Vor einiger Zeit traf ich eine sehr engagierte Mitarbeiterin unserer Verwaltung auf dem Flur der Arche in Berlin-Hellersdorf. Es war irgendwann im Februar oder März vor drei oder vier Jahren, ich weiß es nicht mehr so genau. Für uns in der Arche sind die ersten Monate eines neuen Jahres finanziell gesehen immer die schwierigsten, laufen die Spendeneinnahmen in dieser Zeit doch sehr schleppend. »Du, Bernd, ich muss dich mal sprechen. Auf unserem Konto sieht es nicht besonders gut aus, wir müssen was machen.« Sie war sehr nervös und ich versuchte sie zuerst einmal zu beruhigen.

Wir setzten uns in mein Büro, tranken eine Tasse Kaffee und besprachen die wirtschaftliche Lage unserer Einrichtung. Es war nicht ganz so schlimm, wie es sich im ersten Moment anhörte, und wenige Tage später, wie das so manchmal ist, gingen einige größere Spenden auf unser Konto ein. So konnten wir für einige Zeit wieder durchatmen.

Aber zu dieser Zeit ist mir wieder bewusst geworden: Soziale Arbeit muss sich rechnen. Ist also soziale Arbeit so etwas wie eine Warenproduktion, eine fabrikähnliche Institution, die Profit abwerfen muss? Geht es in der Arche nicht um Barmherzigkeit oder Nächstenliebe? Sind die oft bildungsfernen und sozial schwachen Eltern mit ihren Kindern unsere Kunden, mit oder an denen wir Geld verdienen? Etwas schonungsloser ausgedrückt, die uns als Organisation zu Profit verhelfen?

Die Wahrheit liegt, wie fast immer, in der Mitte. Soziale Arbeit kann und muss so durchgeführt werden, dass am Ende zumindest ein »plus/minus null« herauskommt. Meine Motivation vor rund 25 Jahren, als ich die Arche gründete, war aber eine andere. Ich wollte etwas in der Welt bewegen, ja, ich wollte die Situation zahlreicher Kinder aus den abgehängten Familien verbessern. Weiter habe ich nicht groß nachgedacht. Damals habe ich feststellen müssen – und heute sehe ich das übrigens auch noch nicht anders –: Unsere Gesellschaft lebt eine Ideologie, in der Menschen unterschiedlichen Wert haben. Kindern und Eltern aus prekären Familienverhältnissen wird die Schuld an ihrer wirtschaftlichen und bildungsfernen Situation selbst angelastet. Der Staat, letztendlich wir Bürger unseres Landes, stehlen uns aus der Verantwortung und sprechen uns frei von jeder Verantwortung. Und hier kommen wieder die Begriffe Barmherzigkeit und Nächstenliebe zum Tragen. Die Eltern und ganz besonders die Kinder verdienen unser vollstes Engagement. Wir Christen sind verpflichtet, gerade den Kindern, die keinerlei Schuld an ihrer prekären Situation tragen, zu helfen.

Die Sozialarbeit der beiden Kirchen wird in Deutschland hoch geschätzt. Das haben lokale Umfragen ergeben. Allerdings muss man auch sehen, dass große Teile der Gelder, die die Kirchen für Sozialarbeit ausgeben, vom Staat kommen. Der Staat überweist den Kirchen jährlich die stolze Summe von über 500 Millionen Euro, dazu kommen auch noch Gelder aus der Kirchensteuer. Insofern kann man hier von einer Kooperation von Kirche und Staat sprechen.

Allerdings reicht das Geld bei Weitem nicht aus, um die großen sozialen Probleme zu lösen. In erster Linie unterhalten die großen Kirchen Kindergärten,

Seniorenresidenzen, Krankenhäuser und Schulen. Aber sie müssten noch viel stärker in den sozialen Brennpunkten aktiv werden. In Deutschland leben über 4,5 Millionen Kinder unterhalb der Armutsgrenze. Das ist eine furchterregende Zahl. Diese Kinder wurden praktisch von der Gesellschaft ausgeschlossen. Sie werden oft von privaten Vereinen oder Stiftungen unterstützt – mit ganz viel ehrenamtlichem Einsatz.

Mich hat einmal ein Journalist gefragt, ob ich andere sozialen Vereine in Berlin und auch in Deutschland, als Konkurrenz ansehe. Meine deutliche Antwort war ein Nein.

Ohne das Ehrenamt würde in Deutschland das gesamte soziale Netz zusammenbrechen. Organisationen wie die Arche fangen die Versäumnisse der großen Kirchen und des Staates auf. Wir müssen den Armen zu essen und zu trinken geben, so ähnlich steht es in der Bibel. Und für diese Hilfe brauchen wir als Arche Spenden, praktische Hilfe und vielerlei Unterstützung. Ohne all das könnten wir den Familien nicht helfen.

Dürfen wir also von einer Sozialindustrie sprechen? Was bedeutet das Wort überhaupt? Sie ist Teil der Wirtschaft, die mit der gewerblichen Erbringung von sozialen Dienstleistungen Geld verdient. Wobei das auf die Arche nicht zutrifft. Natürlich dürfen wir keine Verluste einfahren, denn dann könnten wir die Gehälter unserer Mitarbeiterinnen und Mitarbeiter nicht mehr bezahlen. Wenn am Jahresende Geld übrig bleibt, wird das innerhalb weniger Monate wieder in die Arbeit mit »unseren« Kindern und Jugendlichen investiert. Wir dürfen und wollen kein Geld auf die hohe Kante legen. Aber natürlich müssen wir Rücklagen bilden, um auch einmal eine schwierige finanzielle Phase zu überstehen. Das war zum Beispiel zu Beginn der Coronakrise so. Da verzeichneten wir einen starken Rückgang der Spenden. Wahrscheinlich waren die Menschen zutiefst verunsichert und wollten erst einmal abwarten, wie sich ihre wirtschaftliche Situation entwickeln würde.

Mich hat einmal ein Journalist gefragt, ob ich andere sozialen Vereine, zum Beispiel andere Kindereinrichtungen in Berlin und auch in Deutschland, als Konkurrenz ansehe. Hier musste ich zuerst tief in mich gehen, aber meine deutliche Antwort war ein Nein. Ich bin über jedes Kind glücklich, das außerhalb seiner Familie Ansprechpartner und eine Freizeitstätte findet, in der es sich wohlfühlt. Auch das hat wieder etwas mit Nächstenliebe zu tun.

Trotzdem muss jede Organisation für sich selbst kämpfen, um ihre Arbeit auch finanzieren zu können. Meine Motivation vor rund 25 Jahren, als die Arche gegründet wurde, war einfach, glückliche Gesichter von Kindern zu sehen, die damals in das Wohnzimmer meiner Familie kamen, um zu essen, zu spielen und natürlich um über ihre Probleme und Sorgen zu sprechen. Und das ist heute immer noch so, bis auf das Wohnzimmer natürlich. Das würde die zahlreichen Kinder und Jugendlichen gar nicht mehr fassen können.

Ich habe die Hoffnung noch nicht aufgegeben, dass wir alle, also die Gesellschaft in unserem Land, uns engagieren für ein Mehr an Gerechtigkeit.

Damals – in den Anfängen der Arche – habe ich mir nicht vorstellen können, dass wir einmal über 25 Arche-Häuser in Deutschland und sogar in Polen und der Schweiz haben würden. Ich habe mit der Arbeit der Arche wirklich in meinem Wohnzimmer angefangen. Das war nicht immer einfach für meine Frau, meine Kinder und natürlich für mich. Heute kommen bis zu 4500 Kinder täglich in die Archen und das macht mich sehr glücklich.

Stolz bin ich auch auf meine Mitarbeiterinnen und Mitarbeiter, die in ihrem Beruf eine Berufung sehen und geprägt sind von Barmherzigkeit und Nächstenliebe. Wir alle in der Arche arbeiten nicht, um uns in einem warmen sozialen Netz zurückzulehnen. Nein, wir wollen die Kinder aus prekären Familien so stärken, dass sie später ein selbstbestimmtes Leben führen können. Wenn jeder starke und gesunde Mensch in unserem Land sich um ein oder zwei Menschen kümmern würde, die es alleine nicht schaffen, dann gäbe es in unserm Land keine abgehängte Bevölkerungsgruppe. Leider kümmert sich der Staat nicht genug um seine Menschen. Nur die, die ihre Ellenbogen zum Einsatz bringen, schaffen es, sich zu behaupten, wenn sie nicht gerade in ein privilegiertes Umfeld hineingeboren wurden. In einem Land, in dem Unternehmen Milliardengewinne einfahren und trotzdem Mitarbeiter entlassen, ist es gerade für die Schwachen unserer Gesellschaft nicht leicht, sich durchzusetzen. Und hier fängt die Arbeit der Arche mit den Kindern und in den Familien an.

Natürlich reden wir auch regelmäßig mit der Politik und der Wirtschaft. Kürzlich habe ich gelesen, dass drei Viertel der Deutschen meinen, Unternehmensgewinne nützen der Gesellschaft nichts. Dabei sind Unternehmen, die auf nachhaltige, langfristige Strategien setzen, letztendlich am Markt erfolgreicher als die Unternehmen, die sich der reinen Gewinnmaximierung unterwerfen. Und viele Unternehmen investieren einen Teil ihres Gewinns in soziale Projekte. Darüber diskutieren wir auch mit den Unternehmen, die uns seit vielen Jahren finanziell unterstützen oder auf sonstige Weise helfen. Wir reden mit Vertretern aller politischen Parteien zum Beispiel darüber, dass Kinderrechte ins Grundgesetz gehören, oder über die Kindergrundsicherung, also ein Einkommen für jedes in Deutschland lebende Kind. Wir sprechen jährlich mit unzähligen Medienvertretern über die Situation der Kinder und über die immer noch steigenden Kinderarmutszahlen in Deutschland.

Sozialarbeit ist heute breit aufgestellt und beinhaltet nicht nur die Arbeit in den Familien. Ich habe die Hoffnung immer noch nicht aufgegeben, dass wir alle, also die Gesellschaft in unserem Land, uns engagieren für ein Mehr an Gerechtigkeit. Der

Kuchen bei uns in Deutschland ist groß genug für alle hier lebenden Menschen. Jeder sollte ein Stück davon abbekommen. Sozialarbeit bedeutet auch, die Menschen zu stärken, die es alleine nicht schaffen, ein selbstbestimmtes Leben zu führen. Davon profitiert dann auch wieder die Gesellschaft. Aber Sozialarbeit ist auch heute immer noch gelebte Barmherzigkeit und Nächstenliebe. Beide Eigenschaften sind nach wie vor zwei moderne und zeitgemäße Begriffe.

8
Barmherzigkeit und Ehrenamt

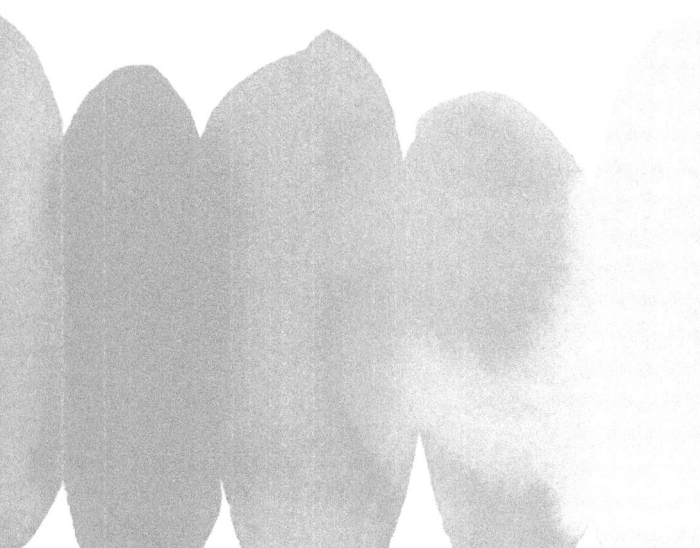

In Deutschland engagieren sich rund 31 Millionen Menschen in ihrer Freizeit, also hauptsächlich ehrenamtlich, für das Allgemeinwohl. Ich finde, das ist eine stolze Zahl. Es ist eine der besten Gelegenheiten, etwas für andere Menschen zu tun, ja: Gutes zu tun.

Und das hat wieder etwas mit Barmherzigkeit und Nächstenliebe zu tun. Barmherzigkeit ist die Anteilnahme an der prekären Situation vieler Familien auch in einem so reichen Land wie Deutschland. Wie die Nächstenliebe darf sich auch die Barmherzigkeit nicht auf reine Anteilnahme am Leben der schwächeren Menschen beschränken. Nein, Nächstenliebe muss sich zum Beispiel im Ehrenamt bewähren. Wenn ich die Zeit habe, etwas für Menschen in Not zu tun, dann muss ich auch aktiv helfen. Vor allem wir Christen müssen uns hier beweisen. Das war übrigens von Anfang an meine Motivation, den Kindern aus schwierigen Familienverhältnissen zu helfen.

Gerade in der Coronakrise wurden wir alle noch einmal besonders herausgefordert. Viele Familien gerieten durch Arbeitslosigkeit, Kurzarbeit, Schließung der Schulen und Kitas mit einem kostenlosen Essen und die teilweise Schließung der Tafeln in große finanzielle Not. Je schwerer die Not bei den Menschen ist, desto mehr Möglichkeiten hat man auch, um zu helfen. Ja, es besteht meiner Ansicht nach sogar die Pflicht, helfend einzugreifen und zu handeln. Natürlich ist dafür das Ehrenamt besonders geeignet.

Je nach Not der Menschen müssen wir in der Art der Hilfe unterscheiden: Es gibt die aktive Hilfe in den Familien und die geistige Hilfe, denn viele Menschen brauchen Unterstützung, weil sie ihr Leben ohne fremde Hilfe nicht meistern können. Was bedeutet aktive Hilfe? In der christlichen Tradition gibt es die Werke der Barmherzigkeit (vgl. Matthäus 25,35f): Hungrige speisen, Durstige tränken, Fremde beherbergen, für die Kleidung Bedürftiger sorgen, die Kranken besuchen und sich der Not der Gefangenen annehmen. Das alles kann eigentlich nur in der Funktion des Ehrenamts funktionieren.

Jeder kann hier etwas tun, was ihm auch Spaß macht. Wenn ich eines habe lernen dürfen, dann, dass gesellschaftliches Handeln nicht nur sinnvoll ist, sondern es auch noch richtig viel Spaß macht.

Ich kann mit meinen Fähigkeiten und Möglichkeiten, ja, mit meinen Talenten anderen Menschen helfen und sie bereichern. Durch die Hilfe des Ehrenamtlichen, durch meine aktive und tatkräftige Hilfe und Unterstützung, verändern sich die Umstände der Hilfesuchenden zum Positiven.

Würden wir heute einem südländisch aussehenden Mann mit einer schwangeren Frau die Tür öffnen und ihnen das Gästezimmer zur Verfügung stellen?

Als Kind habe ich mich immer gefreut, wenn ich kleine Geschenke erhalten habe. Heute freue ich mich mehr darüber, wenn ich einem Menschen etwas zurückgeben kann. Ich erfahre dadurch nicht nur Dankbarkeit, sondern ich lerne auch über mich selbst einiges an Neuem. Eine Bezahlung ist nicht immer das Entscheidende. Im Ehrenamt kann ich etwas in meiner unmittelbaren Nachbarschaft bewegen und auch langfristig bei den Menschen verändern. »Ich setze mich für benachteiligte Menschen ein!« Das kommt nicht nur in meiner direkten Umgebung gut an, sondern es verändert das Leben der Menschen, denen ich helfe. Geld als Motivation funktioniert nicht immer. Das kann man in unterschiedlichen Studien nachlesen.

Das Ehrenamt ist den Menschen zumeist ein Herzensanliegen. Die Vision, etwas positiv zu verändern, motiviert oft stärker als eine finanzielle Entschädigung. Warum engagieren sich in Deutschland rund 31 Millionen Menschen ehrenamtlich? Wenn man die älteren Menschen abzieht, die nicht mehr die Kraft haben, sich zu engagieren, und dann auch noch die Kinder, die das noch nicht können, ist das mehr als jeder Zweite in unserem Land, die oder der sich neben seinem Beruf zusätzlich ehrenamtlich engagiert.

Die Gründe für das Ehrenamt sind so vielfältig wie die Menschen selbst. Warum setzen sich so viele Menschen freiwillig ein? Es sind übrigens nicht nur Christen, die hier Gutes tun. Manche empfinden einfach nur Freude dabei, zum Wohl ihrer Mitmenschen zu handeln. Allerdings ist es bei vielen Gläubigen eine moralisch-ethische und christliche Grundhaltung, im Ehrenamt aktiv zu werden. Andere, die in ihrem Job keine Erfüllung finden, wollen etwas Sinnvolles tun oder freuen sich einfach nur darüber, ihre eigenen Begabungen einsetzen zu können. Einige motiviert auch die Suche nach der Gemeinschaft, nach Freunden und Bekannten, weil ein großer Teil der Menschen sich einsam fühlt. Es ist kein Widerspruch, wenn man Gutes tut und sich dabei auch noch selbst verwirklicht.

Eines muss man aber deutlich sehen: Ohne das Ehrenamt könnten die Zivilgesellschaft und die Vereine, aber auch soziale Einrichtungen wie zum Beispiel die Arche nicht funktionieren. In den 26 Arche-Häusern arbeiten rund 250 Ehrenamtliche und das sind nicht alles nur gläubige Menschen.

Freude schenken, aber eben auch empfangen, die Lebenszeit mit anderen Menschen teilen, die Hilfe brauchen, Anerkennung für die im Ehrenamt geleistete Arbeit, die Gewissheit, sinnvoll zu handeln, an einer Aufgabe zu wachsen, etwas zum

Gemeinwohl beizutragen – alles das sind Gründe, warum es sich lohnt, ehrenamtlich zu arbeiten. Sogar beruflichen Stress federt soziales Engagement ab. Das zeigten Arbeitspsychologen von der Universität Konstanz in einer Studie aus dem Jahr 2010.[2] Versuchsteilnehmer dieser Studie, alles Menschen, die neben ihrem Job noch ehrenamtlich arbeiteten, konnten besser von ihrem Berufsalltag abschalten. Auch am kommenden Tag gingen die Probanden mit überdurchschnittlicher Lust und Freude wieder in ihren Berufsalltag zurück. Es zeigt sich also: Das Ehrenamt produziert auch glückliche Menschen.

Beim Schreiben dieser Zeilen hat mich das Zitat aus der Bibel über die Werke der Barmherzigkeit (Matthäus 25,35f) sehr nachdenklich gestimmt. Wir alle werden aufgefordert, Fremde zu beherbergen. Wenn ich an die unzähligen Kinder denke, die in Flüchtlingsunterkünften in- und außerhalb von Deutschland unter schlimmen Bedingungen aufwachsen müssen, erfasst mich ein Schaudern. Hier sind wir alle aufgefordert, mehr zu tun, unmittelbar zu handeln. Wir müssen vor allem den Kindern, aus welchen Ländern auch immer, eine Heimat geben. Wir müssen sie beherbergen und nicht einsperren, in egal welchen Einrichtungen. Auch das bedeutet Ehrenamt.

Denn ich bin hungrig gewesen und ihr habt mir zu essen gegeben. Ich bin durstig gewesen und ihr habt mir zu trinken gegeben. Ich bin ein Fremder gewesen und ihr habt mich aufgenommen. Ich bin nackt gewesen und ihr habt mich gekleidet. Ich bin krank gewesen und ihr habt mich besucht. Ich bin im Gefängnis gewesen und ihr seid zu mir gekommen. *Matthäus 25,35-36*

Würden wir heute einem südländisch aussehenden Mann mit einer schwangeren Frau die Tür öffnen und ihnen das Gästezimmer zur Verfügung stellen? Zumindest sollten wir darüber einmal nachdenken. Das Ehrenamt ist unverzichtbar, gerade als Gründer der Arche weiß ich das. Wir Christen stehen hier in besonderer Verantwortung.

9
Eine Krise hat uns fest im Griff

Schon immer gab es Sondersendungen im Fernsehen, wenn große Ereignisse die Weltgeschichte beeinflusst haben. Dabei denken wir nicht nur an Naturkatastrophen wie fürchterliche Erdbeben oder Überflutungen, sondern vor allem an Kriege, Amokläufe oder Terroranschläge. Der Anschlag auf dem Berliner Weihnachtsmarkt am Breitscheidplatz, die Amokläufe in Frankreich und ganz besonders der 11. September 2011 brannten sich in unsere Köpfe ein, wir haben die dazugehörigen Bilder ständig vor Augen.

Auch das Jahr 2020 werden wir nie mehr aus unserer Erinnerung löschen können. Bereits Anfang des Jahres berichteten die Nachrichtensender ständig über das Vorkommen eines Virus, das anfänglich aus China kam und sich doch schneller ausbreitete, als man es sich vorstellen konnte. Im Januar und Februar gab es kaum einen Sender, der nicht täglich über Krankheitsverlauf und Ausbreitung dieses Virus, genannt Corona, berichtete. Was viele Menschen anfänglich für eine Massenhysterie hielten, ereilte unser Land schneller, als viele es glauben wollten. Neue Worte wie Covid-19, Ausgangsbeschränkung, Maskenpflicht, Kontaktverbot und Pandemie prägten unseren Wortschatz bald fast selbstverständlicher als bitte und danke.

Bereits Anfang März war es eindeutig, dass sich dieses Virus viel zu schnell verbreitete. Mit Blick auf die vielen Toten im nahen Italien gab es einen großen Handlungsbedarf. In unseren »Arche-Familien« wuchs die Angst vor diesem Unbekannten wohl noch schneller als in anderen Familien. Unsere Eltern haben schon im normalen Alltag zahlreiche Probleme. Gerade Alleinerziehende haben häufig Probleme bei der Arbeitssuche und sind somit ständig großen Herausforderungen verschiedenster Art ausgesetzt. Diese Menschen haben eine beeindruckende Biografie, die allen Außenstehenden fremd ist. Eltern, die als Kinder selbst Gewalt, Bildungsferne, Ablehnung, Enttäuschungen, Verletzungen und Verlust erlebt haben, dann selbst Kinder bekommen haben, um neue Hoffnungen zu säen, geraten in einen Kreislauf und geben das Erlebte aus ihrer Kindheit unbewusst weiter. Diese Menschen haben oft unbegründete Angst, Fehler zu machen. Angst, dass man ihnen die Kinder wegnimmt, Angst, schief angeschaut zu werden, und generell Ängste vor weiteren Enttäuschungen.

Das Thema Corona war somit ein Dauerbrenner in unseren Einrichtungen. Nicht nur, dass die Kinder zuerst ihre Witzchen darüber machten; binnen kurzer Zeit riefen auch viele Eltern bei uns an, ob sich etwas verändern würde und ob ihre Kinder überhaupt sicher vor der Ansteckungsgefahr in Schule und Arche wären.

Mir war klar: Wenn unsere Archen schließen, muss unser Herz umso mehr geöffnet sein, damit jeder Hoffnungslose merkt, dass es dennoch Hoffnung gibt.

Schon 14 Tage vor dem großen Shutdown kamen etliche Kinder nicht mehr in die Arche. Bevor das Kontaktverbot ausgesprochen wurde, igelten sich Familien in ihren Wohnungen ein. Die Angst, auch zuvor schon ein selbstverständlicher Teil ihres Lebens, bestimmte über Nacht nun ihr komplettes Dasein. Viele Menschen mit Fluchterfahrungen, zu denen wir Kontakt hatten, verstanden nicht, was im augenscheinlich freien Deutschland auf einmal los war. Nur gebrochen Deutsch sprechend, fragten uns tatsächlich Menschen, ob in Deutschland Krieg herrscht. Die hohe Polizeipräsenz und wenigen Menschen auf den Straßen verunsicherten sie sehr.

Noch eine Woche vor der offiziellen Schließung aller Schulen hoffte ich, dass dieser Kelch an unserer Arche vorübergehen würde und wir wie gewohnt die Türen unserer Einrichtungen für die Kinder offen lassen könnten. Aber auch weil wir bereits mit vielen Familien, die zu Hause bleiben wollten, nur noch telefonisch in Kontakt standen, war klar, dass wir handeln mussten.

Ich wies meine Mitarbeiterinnen und Mitarbeiter an, alle Telefonnummern von Eltern und Kindern zu überprüfen und herauszufinden, ob wir auch alle Adressen und sonstige Kontaktdaten der Familien hatten, deren Kinder schon seit mindestens sechs Monaten nicht mehr in die Arche kamen.

Der Kontakt sollte wiederhergestellt werden. Wenn die Arche schließen müsste, wollte ich wenigstens vorbereitet sein.

In diesen Tagen hörte man von Hamsterkäufen. Toilettenpapier, Desinfektionsmittel, Atemschutzmasken und günstige Lebensmittel waren in den Supermärkten ausverkauft. In mir breitete sich die Sorge aus, wie arme Menschen jetzt mit den wenigen finanziellen Mitteln, die ihnen zur Verfügung standen, über die Runden kommen sollten.

Dann wurde die Schließung der Schulen und somit auch der Arche-Einrichtungen von der Regierung angekündigt. Wir waren vorbereitet. Mir war klar: Wenn unsere Archen schließen, muss unser Herz umso mehr geöffnet sein, damit jeder Hoffnungslose merkt, dass es dennoch Hoffnung gibt.

»Was ihr getan habt einem von diesen meinen geringsten Brüdern, das habt ihr mir getan«, sagt

Jesus in Matthäus 25,40 und gibt uns hiermit den Auftrag, nicht wegzuschauen, sondern hinzugehen.

Unser Plan B sollte so aussehen, dass wir, nachdem wir die Kinder nun nicht mehr in unseren Archen mit einer warmen Mahlzeit versorgen konnten, das Essen zu ihnen nach Hause bringen würden. Dies würde aber bedeuten, dass nicht nur die Kinder von uns mit Lebensmitteln bedacht würden, sondern auch deren ganze Familien. Ein nicht so ganz leichtes Unterfangen, denn viele unserer Eltern haben zwischen zwei und zehn Kinder. Somit brauchten wir mindestens dreimal so viele Lebensmittel wie üblich. Außerdem konnten wir nicht davon ausgehen, dass alle Betroffenen das Essen direkt in der Arche abholen, da ja nicht alle in unmittelbarer Laufnähe wohnen. Auf der anderen Seite wollten wir natürlich auch trotz Kontaktverbot den Kontakt suchen, zumindest auf Distanz an der Haustür, um zu signalisieren, dass wir für jeden da sind und niemanden allein lassen.

Neben uns schlossen fast alle Hilfsorganisationen. Das Jugendamt war nur noch über das Krisentelefon erreichbar, Hilfen reduzierten sich auf das

Minimum und die Lebensmittelausgabestationen der Tafel schlossen zum Großteil ihre Angebote. Menschen, die sich schon vorher abgehängt fühlten, merkten über Nacht noch einmal ganz plastisch, welchen Stellenwert sie in der Gesellschaft haben.

In diesen Tagen hörte man von Hamsterkäufen. Toilettenpapier und günstige Lebensmittel waren in den Supermärkten ausverkauft. In mir breitete sich die Sorge aus, wie arme Menschen jetzt über die Runden kommen sollten.

An den Türen erlebten wir herzzerreißende Szenen. Die Kinder, die es gewohnt waren, ihre Bezugspersonen bei der Begrüßung in den Arm zu nehmen, sprangen uns vor Freude um den Hals, doch wir mussten es ihnen verbieten. Tränen flossen. Wir hatten natürlich Verständnis für das Verhalten der Kinder, hielten aber notgedrungen Abstand. Ein großer Teil unserer Kinder lebt in emotionaler Armut. Diese Umarmung, die für sie existenziell und für ihre Entwicklung so bedeutend ist, fehlt ihnen jetzt. Es war für uns alle ein Grauen. Häufig kam ich bepackt mit Lebensmitteltüten die Treppen der Mehrfamilienhäuser hoch. Schon an der Freisprechanlage der Hausklingel im Eingangsbereich hörte ich, wie die Kinder vor Freude explodierten und kaum erwarten konnten, dass ihre Bezugsperson endlich für ein paar Minuten den trostlosen Alltag verschönern wird. Kurz bevor ich die letzten Stufen vor ihrer Wohnungstür erreichte, nahmen sie Anlauf und sprangen von oben in meine Arme. Sie wussten, dass ich sie auffangen und nicht fallenlassen würde, und so bekamen sie das, was ihnen am wichtigsten war.

Die Versorgung mit den Lebensmitteln war nur der eine Punkt. Wie aber würde es schulisch mit den Kindern weitergehen? Viele unserer Kids kommen aus der bildungsfernen Schicht. Mit der Schulschließung bekamen die Schülerinnen und Schüler

Hausaufgaben für die nächsten sechs Wochen mit nach Hause. Wer sollte ihnen denn nun dabei helfen? Die Lehrer waren zum Teil »untergetaucht«, wahrscheinlich, um neue Konzepte zu entwickeln und sich auf die neue Situation einzustellen.

Gut, dass wir die Telefonnummern unserer Familien hatten. Wir richteten WhatsApp-Gruppen für Kinder und entsprechende Gruppen für Erwachsene ein. Die Kinder konnten sich so mit ihren Freunden und mit uns austauschen. Wir konnten Informationen in diesen Gruppen streuen und die Kinder einladen, mit uns via Handy Hausaufgaben zu machen und zu lernen.

Obwohl der Großteil unserer Kinder die Schule hasst, waren die Hausaufgaben, begleitet und angeleitet von unseren Mitarbeiterinnen und Mitarbeitern, ein großes Highlight. So hatten die Kinder wenigstens für 30 Minuten am Tag ihren Lieblingsmitarbeiter per Video auf dem Handy. Da machte das Lernen dann nebenbei auch noch Spaß. Währenddessen fiel uns auf, dass einige Schulen in der Vermittlung des Lernstoffes ein gutes System entwickelt hatten. Dank der Digitalisierung ist doch vieles möglich geworden, was vor 20 Jahren noch undenkbar war. Doch welche dieser abgehängten Familien ist mit der Technik ausgestattet, die das digitale Lernen voraussetzt? Mit Mobiltelefonen unter Umständen ja, aber Software, Drucker, Laptop, Tablet – nein. Wir hörten von einer Schule, die per Skype, also am Computer mit Videoübertragung, unterrichtete. Im Grunde eine gute Idee, doch die Schüler, die diese technischen Voraussetzungen nicht aufweisen konnten, wurden auch nicht unterrichtet. Abgehängt!

Oft habe ich mir die Frage gestellt, wie egoistisch wir in unserer Welt geworden sind. Wie Menschen und vor allem Christen es hinnehmen können, dass gerade in unserer Gesellschaft so eine große Chancenungleichheit herrscht. Was bedeutet denn Barmherzigkeit, wenn wir doch alle mit dem Strom schwimmen und akzeptieren, dass es zwei Klassen und drei Welten gibt?

> Warum greift Barmherzigkeit nicht in die Lebenssituation von abgehängten Menschen ein? Warum sind wir Christen nicht gerade da präsent, wo die Not am größten ist?

In der Coronazeit habe ich viel in sozialen Netzwerken geschaut, was die Kirchen, Prediger und Gemeinden unternehmen, und habe mich oft gefreut, wenn Gottesdienste auf digitale Art und Weise kreativ aufbereitet wurden. Viele meiner musikalischen Freunde gaben kleine Livekonzerte ganz allein aus ihren Wohnzimmern. Aber ich hörte auch Predigten und Prediger, die Visionen gegen Covid-19 hatten, die sich gegen Kontaktverbote stellten, dem Virus geboten und so viele Dinge gesagt haben, die mich und viele andere eher verunsichert haben.

Über Nacht haben viele Organisationen ihre Hilfeleistungen eingestellt. Andere sind über sich hinausgewachsen und haben gezeigt, was in ihnen steckt. Aber viele haben es verpasst, genau dort zu sein, wo sie gebraucht werden. Was hätte Jesus während Covid-19 für die Menschen getan? Was haben wir während Covid-19 getan?

Wir haben in dieser Zeit versucht, so viele Smartphones, Laptops, Tablets und Drucker wie möglich zu organisieren, damit unsere Kinder die technischen Voraussetzungen zum Lernen erhielten.

Ich hörte in den Medien, dass sich viele der Lehrer sechs Wochen lang nicht bei ihren Schülerinnen und Schülern gemeldet hatten. Jede Schule und jeder Lehrer hat anscheinend seine ganz eigene Lösung zum Unterrichten gefunden – oder leider manchmal eben nicht.

»Ihr seid unsere Helden in dieser schwierigen Zeit« – dies war nur einer der Sätze, die unsere Arche-Eltern uns fast täglich schrieben. Für sie waren wir die Einzigen, die sich für sie interessierten, aber dieses Gefühl wollte ich nicht so stehen lassen.

Da wir in den letzten 25 Jahren den einen oder die andere Prominente für die Arbeit der Arche gewinnen konnten, fragte ich verschiedene Personen des öffentlichen Lebens an, ob sie nicht ein kurzes Motivationsvideo per Handy aufnehmen könnten, um unseren Familien in dieser schwierigen Zeit Mut zu machen. Dies stieß auf große Resonanz. Es gelang mir sogar, Politiker und Politikerinnen zu bewegen, eine Kurzbotschaft für unsere Familien aufzunehmen, die wir dann in unseren WhatsApp-Gruppen teilten. Die Freude der Kinder und Eltern war groß. Eine Kleinigkeit mit großer Wirkung.

»Ich hasse Corona, aber, Gott, ich bitte dich, nimm dieses Virus weg, verschone die Mitarbeiter der Arche, Jesus, und hilf, dass dieses Virus weggeht, ich will wieder in die Arche. Amen. Amen. Amen«, betete ein neunjähriger Syrer und sandte sein Gebet per Sprachnachricht allen Kindern und Mitarbeitern zu.

Dieser Junge sprach das aus, was unser tägliches Gebet war. Das war nicht das Wort eines Christen, sondern das Gebet eines muslimischen Jungen, der in der Arche etwas Besonderes erlebt hatte. Tole-

ranz, Akzeptanz, Liebe und Beziehung, die für ihn
in eine Hoffnung mündete, nämlich, dass der Glaube alles verändern kann.

Zum Abschluss –
Mehr als nur ein Wort

Während alldem sitze ich in der Arche und schreibe die letzten Worte für dieses Buch. Noch immer hat Corona uns alle fest im Griff und ein Ende ist noch nicht absehbar. Wenn Sie dieses Buch in Ihren Händen halten, ist diese Pandemie hoffentlich Geschichte, aber eine Geschichte, aus der wir etwas mitnehmen müssen.

Barmherzigkeit ist mehr als nur ein Begriff, mehr als nur ein Wort, das wir mit Gott in Verbindung bringen. Barmherzigkeit ist eine Lebenseinstellung. Praktische Nächstenliebe, ein Verstehen des Herzens Gottes und uneigennützige Umsetzung.

Wir können viel reden und predigen, aber wenn unsere Taten nicht mit unseren Worten übereinstimmen, machen wir uns lächerlich. In unserer Gesellschaft haben wir Christen und auch die Kirchen häufig ihr Ansehen verloren, weil sie nicht mehr zu sehen sind, weil Barmherzigkeit nicht mehr greifbar ist. Die Barmherzigkeit, zu der uns Jesus auffordert, ist viel mehr als nur ein guter und hingegebener Dienst.

Wir als Christen sind nicht dazu berufen, eine barmherzige Einstellung zu haben, sondern Barmherzigkeit zu leben.

Es geht nicht nur darum, das Evangelium zu leben. Jesus sagt: »Niemand liebt mehr als einer, der sein Leben für die Freunde hingibt« (Johannes 15,13; Hfa). Ich glaube, dass hier etwas ausgedrückt wird, was tief in unseren Herzen verwurzelt sein muss. Den anderen höher achten als sich selbst, die Not nicht nur sehen, sondern entschieden dagegen angehen. In jeder Krise eine Chance sehen, vorangehen und nicht stehen bleiben.

Wir werden an unseren Früchten erkannt, heißt es in Matthäus 7,20. Aber was sind unsere Früchte? Lippenbekenntnisse? Wir als Christen sind nicht dazu berufen, eine barmherzige Einstellung zu haben, sondern Barmherzigkeit zu leben. Ein weiser Mann hat einmal gesagt: »Wenn Jesus für mich gestorben ist, dann kann ich wenigstens für ihn leben.« Ich glaube, das ist der Schritt in die richtige Richtung.

Anmerkungen

[1] Zitiert in Wikipedia.de, Eintrag zum Begriff »Barmherzigkeit« (aufgerufen am 19. 05. 2020).
[2] Vgl. https://www.spektrum.de/magazin/ehrenamt-
warum-freiwillige-arbeit-gluecklich-macht/1281570
(aufgerufen am 19. 05. 2020).

John McGurk

Aufstehen, Kilt richten, weiterkämpfen
Wie das Drama meiner Kindheit
zur Berufung meines Lebens wurde

John McGurk ist als Kind durch die Hölle gegangen.
Später lernte er in Träumen den Himmel kennen und
wird zum Segensbringer für tausende Kinder.
Seine Geschichte liest sich atemlos wie ein Thriller
und macht deutlich, dass Kinderarmut auch heute
weltweit viel stärker bekämpft werden muss.

Gebunden, 13,5 x 21,5 cm, 304 Seiten
Nr. 395.931, ISBN 978-3-7751-5931-9